EL ADOLESCENTE SEGURO DE SÍ MISMO

UNA GUÍA PRÁCTICA PARA DESARROLLAR LA CONFIANZA EN TI MISMO, TRANSFORMAR TU AUTOESTIMA Y TOMAR LAS RIENDAS DE TU VIDA

MARNIE DAVID

Descargo de responsabilidad

Si bien el editor y la autora han hecho todo lo posible para garantizar que la información contenida en este libro fuera correcta en el momento de su impresión, y aunque esta publicación está diseñada para proporcionar información precisa con respecto al tema tratado, el editor y la autora no asumen ninguna responsabilidad por errores, inexactitudes, omisiones, o cualquier otra inconsistencia en este documento, y renuncian a cualquier responsabilidad por cualquier tipo de pérdida, daño o disrupción causada por errores u omisiones, si tales errores u omisiones fueren por negligencia, accidente o cualquier otra causa.

El editor y la autora no ofrecen ninguna garantía en cuanto al nivel de éxito que puedas experimentar siguiendo los consejos y estrategias contenidos en este libro, y tú aceptas el riesgo de que los resultados difieran para cada individuo. Los testimonios y ejemplos que se ofrecen en este libro muestran resultados excepcionales, que pueden o no aplicarse al lector promedio, y no pretenden representar o garantizar que vayas a conseguir los mismos resultados o resultados similares.

¡DIARIO ÍNTIMO GRATIS PARA LA AUTORREFLEXIÓN!
¡Las 10 mejores premisas para explorar tu verdadera esencia!

THE **CONFIDENT TEEN**

Descárgate gratis este diario íntimo para empezar a comprenderte y aceptarte tal y como eres.

INTRODUCCIÓN

I magina esto: es un luminoso día de verano y, mires hacia donde mires, el mundo parece brillar con infinitas posibilidades.

El aire se impregna del sonido de las risas y la alegría despreocupada, especialmente de un grupo de niños de diez años que ríen a carcajadas. Su energía y entusiasmo son tangibles. Sin embargo, en medio del bullicio de tus pensamientos, no puedes evitar encontrarlos... molestos.

Un momento, piensas, sintiendo una sacudida de alarma e introspección. *¿Yo no era así hace poco tiempo? ¿Por qué no me di cuenta de lo exasperante que era? Pero si solo son risas inocentes... ¡¿Por qué me molestan tanto?!*

Entonces te das cuenta: estás en un umbral sin retorno. La dulce independencia te llama, y el peso de las expectativas se hace cada día más intenso. Mientras los rayos del sol calientan tu piel, una pregunta abrasadora invade cada célula de tu cuerpo.

¿Cuándo se convierte un niño en adulto?

Recuerdo haberme planteado esa misma pregunta cuando era adolescente. Me sentí especialmente mal una tarde en la que estaba tan disgustada que tuve que alejarme de todos y de todo. Después de un largo paseo, me dejé caer en un banco del parque.

"¿Un día complicado?".

La voz venía del otro lado del banco y pertenecía a un hombre con años y años grabados en la cara. Tenía los ojos dulces y una sonrisa que parecía contener todas las respuestas.

"Sabes...", dijo como si pudiera oír las preguntas que revoloteaban en mi mente, "cuando era niño, me dijeron muchas veces: 'Ahora ya eres un hombre de verdad'. En mi primera salida de caza, el día que me saqué la licencia de conducir... La vez que le conté a mi hermano que había besado a una chica por primera vez".

Nos reímos entre dientes.

"Pero, a medida que me hacía mayor, el tema me pesaba cada vez más. Entonces, en mi decimoquinto cumpleaños, por fin me armé de valor y le pregunté a mi madre cuándo sería *oficialmente* adulto. Y no te lo vas a creer, pero...".

Me incliné hacia delante, ansiosa por empaparme de su sabiduría.

"Esta mañana me he levantado y no consigo recordar el momento exacto en que me convertí en adulto".

Fruncí el ceño y los labios mientras intentaba ignorar su risa contagiosa esta vez.

"Pero no te preocupes", continuó con los ojos llenos de seguridad, ya estás en el tren, y va a ser un viaje interesante de aquí en adelante. Habrá experiencias inimaginables, habrá baches y habrá paradas importantes por el camino, pero ninguna de ellas marcará el *momento clave*".

"No lo entiendo", refunfuñé.

El hombre se recostó en el banco, con la mirada perdida en el lejano horizonte de la nostalgia. "La edad adulta no está marcada por un gran hito. Es un viaje en el que aprendes de tus errores, asumes responsabilidades y cultivas las cualidades que te convertirán en la persona que quieres ser".

Se volvió hacia mí. "¿Quieres saber el secreto de todo esto?". Asentí.

"Te lo contaré. Pero solo si prometes transmitirlo algún día".

"Te lo prometo".

Sonrió. "La seguridad en ti misma".

"¿Eso es todo?".

"¡Claro! Es la armadura que te protege de la duda, el combustible que te impulsa hacia adelante pase lo que pase, y la luz que guía tu camino".

Para ser sincera, sonaba fácil, totalmente a mi alcance, ¿sabes? Lo que el hombre no me dijo, lo que tuve que descubrir por mí misma, es que, como para todo lo que vale la pena en la vida, se necesita una práctica deliberada para ganar confianza. Da igual de dónde vengas, a qué colegio vayas, qué clases tomes, qué actividades extraescolares hagas, con quién salgas o lo popular que seas: nadie nace seguro de sí mismo. No dejes que nadie te convenza de lo contrario, nunca.

El paso de la infancia a la edad adulta es apasionante, pero también está plagado de dificultades. Y donde te encuentras ahora mismo, en esta encrucijada llamada adolescencia, es especialmente desafiante. Entre conocerte a ti mismo y desarrollar tus propios valores, creencias e intereses, tienes cosas intensas con las que lidiar…

- Tratar con tus amigos, hacer nuevos amigos, encajar y soportar las presiones sociales.

- Sacar buenas notas, asistir a clases extra, prepararte para los exámenes de ingreso a la universidad, por no hablar de las actividades extraescolares.
- Ser un buen miembro de tu familia, aunque a veces te resulte molesta.
- Aprender a aceptarte y quererte a ti mismo.

Estas cosas pueden causarte mucho estrés y hacer que te sientas inseguro de ti mismo, lo cual es un asco porque no hace más que duplicar la presión. Sí, sé *exactamente* cómo te sientes.

Pero ¿sabes qué? Todo estará BIEN. Tú estarás BIEN. Y todo lo que sientes y piensas es normal.

Piensa en tus años de adolescencia como el campamento de entrenamiento para la vida. Es un rito de iniciación. Y una vez que llegues al otro lado, tendrás las habilidades necesarias para enfrentarte a cualquier cosa que la vida pueda lanzarte.

Pero todos, tengamos la edad que tengamos, necesitamos un poco de ayuda.

Digo esto sabiendo que mi yo adolescente está poniendo los ojos en blanco. Porque de pequeña no me gustaba mucho pedir ayuda.

A pesar de haber aprendido el secreto para tomar las riendas de mi vida de aquel amable hombre del parque, no sabía cómo ponerlo en práctica. Mi hermana gemela, Casey, tenía mucha confianza en sí misma, lo que empeoraba las cosas para mí. Mientras estábamos en la escuela, nunca le pregunté cómo lo hacía, porque entonces hubiera tenido que admitir que tenía miedo y que no podía resolver las cosas por mí misma. Así que fingía que estaba bien. Hice muchas cosas para complacer a mis amigos (y a veces incluso a mi familia) solo para sentirme incluida. Hiciera lo que hiciera, nunca bajaba la guardia. Pero por la noche, en mi cama, donde nadie podía verme, me sentía sola y perdida.

Tardé años en tener confianza en mí misma. Mentiría si dijera que mi adolescencia fue mala, pero estoy segura de que habría sido más fácil si hubiera tenido las herramientas y la orientación adecuadas (y las agallas para pedir ayuda).

Cuando me convertí en profesora, desarrollé un intenso deseo de infundir confianza en mis alumnos. Sabía que tendrían una gran ventaja en la vida si pudieran afrontar los retos con la seguridad que yo nunca tuve cuando era adolescente. Mientras pensaba cómo podía enseñarles a tener confianza en sí mismos, me acordé de mi hermana. Así que, después de tantos años, por fin le pregunté a Casey cómo había conseguido tener tanta confianza en sí misma cuando éramos niñas.

"¿Yo? ¿Segura de mí misma?", se sonrojó. "Supongo que fingía bastante bien".

¡Ja! Después de todo, no había estado sola.

Pero no quería que mis alumnos fingieran. Y, tras dar a luz a mi primer hijo, desde luego no quería que él fingiera tampoco. Todos se merecían algo mejor, y yo quería que utilizaran ese ingrediente secreto para sacar el máximo partido de la situación. Así que empecé a idear formas creativas de enseñarles a mis alumnos todo lo que yo había aprendido sobre el arte de desarrollar la confianza. Día tras día, veía el impacto positivo que tenía en ellos. Tú también te mereces vivir con confianza y un sentimiento inquebrantable de autoestima. La adolescencia debería ser una de las mejores épocas de tu vida; no la más fácil, pero sí de las mejores.

(Pista: la vida no se vuelve más fácil cuando creces. Simplemente aprendes a enfrentarte a ella como un profesional. Y la autoconfianza ayuda. ¡Mucho!)

Independientemente de cuales sean tus circunstancias personales y lo que te esté frenando, debes saber que puedes superarlo. En serio, he trabajado con jóvenes de todas las condiciones sociales, y si hay algo que he aprendido es que si realmente quieres que las cosas cambien, nada en el mundo puede impedir que lo consigas.

Al haber leído hasta aquí, ya has dado el primer paso para tener más confianza en ti mismo y convertirte en una persona mejor y más fuerte. Todo lo que tienes que hacer para liberar todo tu potencial es seguir leyendo.

Así que, ¡nos vemos en el capítulo 1!

CAPÍTULO 1
LA SEGURIDAD EN UNO MISMO

"La confianza no es entrar en una habitación pensando que eres mejor que nadie. Es entrar y no tener que compararte con nadie en absoluto".

DWAYNE JOHNSON, "LA ROCA"

Seguro que suena fácil... Hasta que estás en una clase comparándote con tus compañeros, ¿verdad?

Después de hablar con aquel hombre tan simpático en el parque, me sentí muy segura de mí misma. ¿Y por qué no iba a hacerlo? Tenía el secreto para superar todos los obstáculos en mi camino hacia la edad adulta: la autoconfianza era mi nuevo superpoder.

Pero cuando llegué a casa, la incertidumbre me golpeó como la caída de una montaña rusa. En solo una tarde, volví a sentirme insegura, y mis dudas sobre mí misma se hicieron aún más fuertes a la hora de acostarme.

La lucha es real...

Si tus inseguridades te hacen sentir en una montaña rusa, no te avergüences: es totalmente normal. La buena noticia es que no estás a merced de esa montaña rusa. Con ayuda, puedes tomar el control y confiar en ti mismo a pesar de tus dudas.

En este capítulo, desentrañaremos los misterios que rodean a la confianza y desmentiremos los mitos que pueden estar frenándote. Adquirirás los conocimientos necesarios para atravesar la adolescencia con seguridad en ti mismo y aprenderás a aceptar y asumir con orgullo tus puntos fuertes, tus peculiaridades y tus imperfecciones.

¿QUÉ ES LA SEGURIDAD EN UNO MISMO?

¿Alguna vez has estudiado mucho para un examen y has sabido que lo aprobarías? ¿O has entrenado como un loco para una prueba deportiva o una competición y sabías que podías ganar?

Eso es la seguridad en uno mismo.

Cuando tienes confianza, te sientes seguro de ti mismo y crees en tus capacidades, incluso ante retos difíciles. También te sientes orgulloso de tu individualidad y tus acciones demuestran que aceptas tus peculiaridades. Pero no se trata de actuar con superioridad. Se trata de decir "puedo hacerlo" y creerlo de verdad en tu corazón. Pero no se queda ahí. La confianza también implica actuar de acuerdo con esa seguridad en uno mismo.

Lo más importante que hay que recordar sobre la confianza en uno mismo es que es una habilidad que se puede mejorar con la práctica, acostumbrándose a sentirse seguro, comparándose con otros con amabilidad (¡porque todos tenemos talentos únicos!) y superando las inseguridades.

¿Tener confianza en uno mismo significa que nunca volverás a dudar de ti mismo?

No. La desconfianza en uno mismo siempre encontrará la forma de colarse. Incluso las personas más seguras de sí mismas experimentan miedo e incertidumbre. Tener confianza en uno mismo significa seguir adelante y no permitir que las inseguridades te impidan vivir la vida y ser la mejor versión de ti mismo.

RECAPITULANDO: UNA ECUACIÓN SENCILLA PARA DEFINIR LA SEGURIDAD EN UNO MISMO

Seguridad = (Creer en tus habilidades + Aceptar tu individualidad) + (Tomar acción en concordancia) + (Perseverar sea como sea + Ejercitar la autoconfianza)

En resumen: $S = (C+A) + (T) + (P+E)$

Ahora, recuerda: ¡la Seguridad es CATPE!

En otras palabras: sentirse seguro significa creer en tus capacidades y aceptar tu individualidad. Cuando tienes confianza en ti mismo, actúas de acuerdo con tus creencias, te esfuerzas cuando las cosas se ponen difíciles y ejercitas la autoconfianza todos los días.

QUÉ NO ES LA SEGURIDAD EN UNO MISMO

Emily, una enérgica joven de 16 años, nunca ha sido tímida. Como tenía un espíritu competitivo y un buen rendimiento académico, creía que podía convertirse en un valioso miembro del equipo de debate de la escuela. El equipo quedó impresionado por sus conocimientos y la recibió con entusiasmo. Durante el primer debate, Emily dominó la conversación y a menudo se impuso a sus oponentes con su voz alta y sus firmes opiniones. El equipo contrario pronto perdió interés en el debate. Y, cuando todo terminó, el propio equipo de Emily parecía distante y poco impresionado por su clara victoria. Entonces, el jefe del equipo se acercó a ella y le dijo: "Esto no va a funcionar".

La confianza no es arrogancia

La historia de Emily es un brillante ejemplo de la delgada línea que separa la confianza en uno mismo de la arrogancia. Recuerda, la confianza es creer en ti mismo y en lo que puedes conseguir. No es creer que eres mejor que los demás. La verdadera confianza consiste en estar seguro de ti mismo sin restar valor a tus compañeros o a las personas que conoces. La verdadera autoconfianza lleva a inspirar a los demás y reconocer también sus puntos fuertes.

Nota: ser audaz no te convierte necesariamente en arrogante. El factor definitorio reside en cómo y por qué recurres a la audacia, y especialmente en cómo tratas a los demás mientras la utilizas en tu beneficio.

La confianza no es perfección

No malgastes tu energía intentando ser impecable o pensando que todo el mundo espera que tengas todas las respuestas porque eres seguro de ti mismo. La verdadera confianza es ser capaz de sonreír y decir: "¡No tengo la respuesta, pero haré todo lo posible por encontrarla!". Es aceptar tus imperfecciones y creer en ti mismo a pesar de las dudas y los errores.

La confianza no depende de factores externos

Es fácil pensar que la confianza en uno mismo depende de factores como la apariencia, la popularidad o los logros, pero no es así. Aunque la validación externa, como recibir elogios por ayudar a los demás u obtener buenas notas, son indicadores útiles de que vas por el buen camino, no te definen como una persona segura de sí misma. La fuente de la confianza está en tu interior, independientemente de todo lo que ocurra en el exterior.

La confianza no es la ausencia del miedo

Incluso las personas más seguras de sí mismas tienen miedos, pero actúan a pesar de ellos. Esto se debe a que la confianza es tener el valor de salir de tu zona de confort y perseguir tus objetivos, incluso cuando te da miedo.

"Me daba tanto miedo hablar en público que vomitaba antes de subir al escenario. Me ponía tan nervioso que temblaba y me temblaba la voz. Pero aprendí a superar la ansiedad y ahora me encanta hablar en público. De hecho, me llena de energía".

TONY ROBBINS

La confianza es única

No existe un modelo de persona segura de sí misma, ni de cómo habla o actúa. Algunas personas pueden ser más extrovertidas y atrevidas, mientras que otras pueden ser reservadas e introspectivas, y todas pueden tener la misma confianza en sí mismas. Al fin y al cabo, la confianza en uno mismo consiste en ser fiel a uno mismo y aceptar las fortalezas y cualidades únicas de cada uno.

RECAPITULANDO: LA SEGURIDAD EN UNO MISMO **NO ES...**

La seguridad no es arrogancia, perfección o una vida sin miedos. No depende de factores externos, sino de lo que hay dentro de ti. Por último, la confianza se vive distinto para cada persona porque todos somos únicos.

¿POR QUÉ ES IMPORTANTE LA SEGURIDAD EN UNO MISMO?

La confianza es la base que necesitas para construir una vida plena. Te abre puertas, te impulsa y te permite vivir sin límites. Exploremos áreas concretas de la vida en las que merece la pena tener confianza.

La confianza te ayuda a superar el miedo y la ansiedad

¿Cuántas veces has querido hacer algo de verdad, pero se te ha ocurrido una excusa sólida como una roca para no hacerlo y después te has arrepentido? ¿O cuántas veces has mirado hacia otro lado para mantener la paz a pesar de ver que algo iba mal?

Los ejemplos anteriores son resultados clásicos del miedo y la ansiedad. Bastante molesto, ¿verdad? Puede que te sorprenda, pero en realidad el miedo y la ansiedad son buenos para ti, porque te protegen en situaciones realmente peligrosas.

Por lo tanto, tu misión no es desterrar el miedo y la ansiedad por completo, sino comprender cuándo son útiles y cuándo solo te impiden vivir libremente. La confianza es un poderoso aliado para ayudarte a distinguir la diferencia, y te da la fuerza para superar los retos y crecer más allá de tu zona de confort.

La confianza te hace resiliente ante los retos

Una cosa es superar el miedo a enfrentarse a los retos de la vida, pero después de vencer el miedo, ¿qué haces cuando las cosas van mal?

Por ejemplo, ¿qué haces cuando la persona que te gusta quiebra tu espíritu diciéndote que no cuando la invitas a una cita? ¿O qué haces cuando el matón de la clase se burla de ti e influye en tus compañeros para que te miren raro cuando vas a hacer una presentación?

Un poderoso aliado de la confianza en uno mismo es la capacidad de recuperarse, encogerse de hombros y seguir adelante con orgullo, más conocido como resiliencia. Claro que te dolerá si alguien te rompe el corazón o intenta avergonzarte, y a veces será difícil completar tareas y superar retos. Pero como adolescente seguro de ti mismo, tendrás la capacidad de hacer que las cosas funcionen: encontrarás una solución o te irás con la seguridad en ti mismo intacta cuando las cosas no funcionen.

La confianza te ayuda a sacar lo mejor de las malas situaciones

Mi profesora de inglés del instituto tenía un aula de color amarillo brillante y las paredes estaban llenas de citas inspiradoras y motivadoras. Una de ellas estaba en la parte delantera de la clase, justo encima de la pizarra.

"No planificar, es planificar el fracaso".

BENJAMIN FRANKLIN

Es un buen consejo, pero también puede hacerte la vida más difícil de lo necesario si no añades un poco de flexibilidad. Y es que, a veces, puedes planificar muchísimo, solo para que la vida te lance bolas curvas y destroce tus planes.

"La vida es lo que sucede mientras estás ocupado haciendo otros planes".

JOHN LENNON

Los planes no siempre salen bien. Y, para mantener la cordura, hay que aceptarlo. Sé flexible para poder adaptarte y encontrar soluciones creativas. La confianza te ayuda a ser positivo, a sacar lo mejor de los líos en los que te encuentres y a convertir los retos en oportunidades.

La confianza te hace más optimista en la vida

Imagínate a una persona segura de sí misma solicitando el trabajo de sus sueños o persiguiendo sus pasiones. Solo por creer en ti mismo y en tus capacidades, ya te estás diferenciando de los demás y aumentando tus posibilidades de éxito.

De acuerdo, seguramente aún no estés en el mercado laboral, pero esa no es la cuestión. Las personas seguras de sí mismas irradian todo lo necesario para destacar. Si quieres ser el capitán de tu equipo deportivo, liderar un comité escolar, conseguir ese trabajo a tiempo parcial que tanto te gusta o lo que sea que te propongas, tus posibilidades de llamar la atención y ser elegido son mayores cuando tienes confianza en ti mismo.

La confianza te ayuda a tomar decisiones que son buenas para ti.

De todas las cosas de las que tuve que deshacerme en la vida, mi necesidad de complacer a la gente fue una de las más difíciles. Sentía que tenía la obligación de ser una buena persona y que si no hacía lo que me pedían significaba que era una mala persona o una mala amiga. Más tarde aprendí que decir que no, no te convierte en una mala persona. Te convierte en una persona segura, respetable y fiable.

Tienes derecho a tomar tus propias decisiones. Así que di que no a esa invitación a una fiesta, a un día con tus amigos o cuando alguien te ofrezca un cigarrillo, y hazlo sin avergonzarte.

Es casi imposible confiar en ti mismo a la hora de tomar decisiones cuando careces de confianza. Buscarás constantemente la validación de los demás y harás cosas porque los demás piensan que es una buena idea. Es una receta para la frustración personal y la decepción. Si decides hacer algo, deberías hacerlo porque es tu elección, no porque tus amigos lo estén haciendo, no porque te preocupe que no hacerlo te haga quedar mal y no porque se espere que lo hagas. Cuando tienes confianza, sabes que cada decisión que tomas es tuya y que es buena para ti.

(Aclaro: ¡no te estoy animando a que digas que no cuando tu madre, tu padre o tu tutor te pidan que hagas tus tareas! Eso es diferente).

La confianza te ayuda a construir relaciones auténticas

Cuando rebosas de seguridad en ti mismo, creas un aura acogedora que hace que los demás se sientan cómodos a tu alrededor y abre canales para una comunicación clara, lo que puede evitar malentendidos y fomentar relaciones más sólidas.

La confianza en uno mismo también te hace ser asertivo. Puedes defenderte marcando límites y comunicando tus necesidades de forma clara pero respetuosa. Sin embargo, una relación es una calle de doble sentido, así que también hay que saber escuchar. También en este caso, la confianza salva el día, porque estarás menos preocupado por tus dudas y podrás concentrarte realmente cuando otra persona hable. Esto te convierte en una persona empática y en un aliado fuerte en el que tus amigos pueden confiar.

RECAPITULANDO: POR QUÉ ES IMPORTANTE TENER SEGURIDAD EN UNO MISMO

Porque cuando eres seguro de ti, puedes conectarte con tu verdadera esencia y vivir la vida al máximo.

Conquistar miedos y aprovechar oportunidades.

Superar desafíos con resiliencia.

Transitar por las vueltas de la vida con optimismo.

Nunca tomar decisiones que no te convenzan.

Mejorar tus posibilidades de éxito.

Comunicarte mejor y relacionarte mejor con los demás.

Confiar en ti mismo.

LA CIENCIA DE LA AUTOCONFIANZA

No te preocupes: no vamos a entrar en fórmulas aburridas ni en teorías indescifrables. Solo hablaremos de algunas cosas importantes que debes saber.

Pero... ¿por qué? ¡La ciencia apesta!

Sí, lo sé.

Sin embargo, más allá de las aulas, la ciencia es fascinante. Se pueden investigar muchísimas cosas y, aunque muchas son bastante aburridas, otras son increíbles, como la autoconfianza, la psicología y el funcionamiento del cerebro. Son campos súper importantes porque ayudan a las personas a entenderse mucho mejor a sí mismas. Y no, no necesitas convertirte en un experto para apreciar todo lo que tu mente puede hacer por ti. Esperamos que esta sección despierte tu interés por aprender más sobre cómo funciona tu cerebro desde un punto de vista psicológico y neurocientífico.

¿Aún no estás impresionado? Bien, a continuación te explicamos por qué querrás aprender sobre la ciencia de la autoconfianza:

- **La confianza es un superpoder:** saber más sobre cómo funciona tu cerebro te capacitará para tomar las riendas de tu vida con confianza.
- **Querrás romper el mito de la perfección:** los estudios demuestran que todo el mundo tiene dudas sobre sí mismo. Aprender sobre eso te anima a aceptar tus imperfecciones.
- **Podrás reconfigurar tu cerebro:** hablarte a ti mismo en positivo, salir de tu zona de confort y celebrar tus pequeños éxitos, funcionan de verdad. Los estudios avalan su eficacia.
- **Apreciarás la química de la autoconfianza:** un cerebro seguro de sí mismo genera felicidad, motivación y una visión optimista de la vida.
- **Adoptarás una mentalidad de crecimiento:** comprender el poder de tu mente y su capacidad para desarrollarse y adaptarse, te permitirá adoptar una mentalidad de crecimiento y aumentar tu confianza.

Sin más preámbulos, hablemos sobre ciencia.

Confianza epistémica versus confianza social

¿Qué es la confianza epistémica?

Este tipo de confianza tiene que ver con lo seguro que te sientes de lo que sabes. Aquí tienes un ejemplo:

Tú: "¿Sabías que la clave del éxito académico es trabajar duro y dedicar tiempo al estudio con regularidad?".

Yo: "¿En serio? ¿Estás seguro?".

Tú: "Sí. He leído sobre el tema. Los hábitos de estudio regulares mejoran la memoria, la comprensión y, en general, el éxito en los exámenes. Y he comprobado la teoría... Desde que lo practico con más constancia, mis notas han subido".

Aquí hay otro ejemplo:

Tú: "Este juego es terrible. El tipo que lo hizo no tenía buenos conocimientos de programación. Para hacer grandes juegos hace falta tener conocimientos decentes".

Yo: "¿En serio? He oído que era fácil...".

Tú: "¿Por qué no programas un juego, entonces?".

Yo: "Eh...".

Tú: "No es fácil. Hace mucho que estudio el tema. Créeme, sin buenos conocimientos de programación no hay forma de diseñar juegos que valgan la pena".

En ambos ejemplos, has demostrado una gran confianza epistémica, es decir, una sólida convicción en tus conocimientos, opiniones y conclusiones. La confianza epistémica alta es el resultado de un estudio intenso de los temas que necesitas saber (por ejemplo, para graduarte) y de los temas que te interesan. Este tipo de confianza te permite sentirte seguro de tus conocimientos y capacidades y te da confianza en tu propio juicio.

Sin embargo, un riesgo de la confianza epistémica es el de desarrollar una mentalidad fija. Estar demasiado seguro de tus opiniones puede obstaculizar tu crecimiento personal. Es importante mantener la mente abierta y estar dispuesto a adaptarse cuando sea necesario.

¿Qué es la confianza social?

Esta es la cuestión con la que todos luchamos a veces. La confianza social se refiere a lo seguro que te sientes de ti mismo cuando tratas con otras personas. Veámosla en acción:

Tú: "¡Eh! ¿Quieres salir con algunos de mis amigos y conmigo?".

Yo: "Mm... En realidad soy introvertida, así que...".

Tú: "¡Perfecto! No va a ser una multitud ni nada por el estilo. Simplemente pasaremos el rato".

Yo: "¡Qué bien! ¡Hagámoslo!".

Y aquí tienes otro ejemplo:

Tú: "¡Eh! ¿Quieres salir con algunos de mis amigos y conmigo?".

Yo: "¡Sí! Me encanta conocer gente nueva".

¿Te sorprendería si te dijera que mi personaje demostró confianza en ambos ejemplos? Las fiestas son una de las muchas situaciones sociales en las que te encontrarás a lo largo de tu vida. Pero lo he utilizado como ejemplo para dejar clara una cuestión importante: ser introvertido no te hace inseguro. Pueden no gustarte las multitudes y seguir siendo una persona que irradia seguridad en sí misma. Así, en el primer ejemplo, mi personaje solo dudaba porque no le gustaba la idea de tener que tratar con mucha gente, pero en cuanto se dio cuenta de que sería una reunión pequeña, fue encantada. (No es que no pudiera estar en medio de una gran multitud si tuviera que hacerlo, simplemente tiene sus preferencias, y eso está bien, todos somos únicos).

. . .

Entonces, la confianza social te ayuda a relajarte en entornos sociales y, en general, te hace más accesible y simpático. Además, te ayuda a escuchar a los demás, a expresar tus propias opiniones y a entablar relaciones auténticas.

Entonces, ¿cuál es la diferencia entre ambos tipos de autoconfianza? ¿Es una más importante que la otra?

CONFIANZA EPISTÉMICA
CONFIANZA SOCIAL
¿Qué es?

La confianza en tus conocimientos, capacidades y opiniones.

La capacidad de sentirse cómodo y seguro al interactuar con otras personas.

Enfoque

Interno: lo que importa es tu certeza personal sobre lo que sabes, y la confianza en que tus ideas valen la pena.

Externo: lo que importa son los vínculos, que los demás te vean como una persona llena de confianza.

Flexibilidad

La confianza epistémica puede obstaculizar tu crecimiento si te hace resistente a las opiniones de los demás o la información que contradiga tus convicciones.

¡El antídoto contra el exceso de confianza epistémica! La confianza social te hace escuchar, estar abierto a nuevas ideas y experiencias, y ser capaz de adaptarte.

Ventajas

-Mejora tu autoconfianza.

-Evita que dudes de ti mismo.

-Te permite actuar.

-Te llena de valor para defender tus convicciones.

-Mejora tu destreza social.

-Te ayuda a tener mejores vínculos y amistades.

-Promueve una buena imagen de uno mismo.

Ejemplo

"¡Sé de lo que hablo!".

"Te explicaré qué es lo que sé y cómo lo sé, y luego tú podrás contarme qué sabes tú".

¿Es una más importante o mejor que la otra?

No. La confianza epistémica y la confianza social son almas gemelas. Si una sufre, la otra también. De la misma forma, no puedes fallar en un tipo de confianza sin que falle también la otra. Cuanto más creas en ti mismo y en lo que sabes, más querrás defenderlo. Y, cuanto más cómodo te sientas junto a otras personas, más querrás compartir con ellas tus conocimientos y pensamientos.

Neurociencia y confianza

Mientras que la psicología nos ayuda a comprender mejor nuestro comportamiento, la neurociencia (el estudio del cerebro y el sistema nervioso), nos ayuda a entender el vínculo entre nuestros comportamientos y nuestro cerebro.

¿Puede la neurociencia ayudar a aumentar la confianza?

Por supuesto que sí. Gracias a la neurociencia, el mito de que la confianza se otorga a unos pocos al nacer ha quedado totalmente desmentido. Aunque algunas personas pueden estar más predispuestas a tener confianza en sí mismas, cualquiera puede desarrollarla. Veamos cómo puedes utilizar la neurociencia para aumentar tu confianza.

Controla cómo respondes cuando las cosas se complican

Ante la adversidad, el cerebro libera hormonas de estrés que pueden reducir la confianza. Sin embargo, cuando ocurren cosas buenas, el cerebro libera hormonas de bienestar que aumentan la confianza. Aunque no puedes controlar todas las situaciones, sí puedes controlar cómo respondes. Si te comportas de forma que promuevas la liberación de hormonas del bienestar, puedes evitar que tu confianza caiga en picada.

Solía acobardarme ante la idea de tener que hablar delante de la gente. En serio, solo de pensarlo me entraban náuseas y las palmas de las manos se me ponían frías. Entonces me enteré de que las hormonas podían influir en la confianza, así que decidí ponerlo a prueba.

Mi primera misión fue aprender a hablar con confianza delante de cinco personas. Una vez fijado mi objetivo, el siguiente reto era engañar a mi cerebro para que produjera más hormonas de bienestar que de estrés mientras hablaba delante de la gente.

¿Mi solución? La comedia de stand-up.

La primera vez que me puse delante del espejo para practicar, me sentí increíblemente estúpida. Pero sonreí, enderecé la espalda y me dije: "¡Vas a triunfar!".

Antes de que me diera cuenta, mi mejor amigo no paraba de reírse con mis chistes. Yo estaba estupefacta, pero totalmente satisfecha. Un día, sin siquiera pensarlo, estaba contándole un chiste a siete personas.

Hablar delante de la gente todavía me pone nerviosa a veces, pero ya nunca me echo atrás; no tengo náuseas, eso es cosa del pasado. Y si los nervios me ponen demasiado tensa, cuento un chiste para romper el hielo y que fluyan las hormonas de bienestar.

Sé consciente de que tu cerebro no siempre acierta y recuérdale tus puntos fuertes y tus logros.

¿Alguna vez has cometido un error que te ha hecho querer desaparecer? ¿Y luego te has dado cuenta de que no era para tanto? ¿Qué ocurre?

Bueno, el cerebro humano tiene una mala costumbre. Se centra más en los momentos de fracaso, vergüenza y debilidad que en las fortalezas y triunfos. Así que, si cometes un error, tu cerebro falla y te dice que no eres lo bastante bueno. La única razón por la que puedes creer esta autoconversación negativa, es que nunca te has cuestionado esos pensamientos. Pero, si te enfrentas a la negatividad cuando aparece, puedes empezar a cambiar tu forma de responder y de sentirte cuando cometes un error.

Aumenta tu autoconfianza creando nuevas creencias sobre ti mismo

Si te animas a participar en actividades que requieren confianza, dudas menos de ti mismo y empiezas a sentirte cómodo con la gente, podrás cambiar de forma efectiva tu imagen de ti mismo y lo que crees de ti.

Si actualmente crees que no eres apto para las actividades en grupo, al principio te sentirás estresado. Es normal. Pero haz todo lo posible por evitar las excusas del tipo "no puedo hacerlo". Te prometo que la primera será la más difícil. Después, te sentirás mucho mejor y te darás cuenta de que eres más fuerte de lo que pensabas.

Adopta la confianza de otras personas... Como si te contagiaras de su resfriado, ¡pero con beneficios!

El cerebro y el sistema nervioso producen neuronas espejo que se activan cada vez que realizas una acción o ves a otros realizarla. Esto significa que tu cerebro puede simular lo que hace la otra persona sin que tú lo hagas físicamente.

¿Qué significa esto?

Pasar tiempo con personas seguras de sí mismas te contagia su confianza, porque tus neuronas espejo interiorizan sus palabras y su comportamiento. Es como un efecto contagioso que te hace pensar, hablar y comportarte con más confianza. Lo mejor es que puedes contagiarte del virus de la confianza tanto si estás físicamente con personas seguras de sí mismas, como si las ves en una pantalla. Piensa en tu cantante favorito, en un deportista o incluso en un personaje genial de una película. Estos modelos de conducta irradian confianza y, cuando los observas y aprendes de ellos, tus neuronas espejo se vuelven locas y te permiten adoptar sus movimientos y mentalidades seguras de sí mismas. Dato curioso: tú también puedes transmitir confianza.

Cuando crees en ti mismo y se lo demuestras a tus amigos, ellos pueden contagiarse de tu confianza. Si tienes confianza en ti mismo, hablas claro y expresas tus opiniones, automáticamente inspiras a los demás a hacer lo mismo.

Aquí tienes algunas formas de contagiarse y propagar el virus de la confianza en uno mismo:

- Júntate con gente segura de sí misma.
- Emula modelos positivos.

- Comparte y fomenta la confianza a través de tus propias acciones.

RECAPITULANDO: LA CIENCIA DE LA AUTOCONFIANZA

- Es importante entender la ciencia de la autoconfianza porque, si sabes cómo funciona tu cerebro, puedes tomar las riendas de tu vida.
- Tienes dos tipos de confianza: epistémica y social. Ambos tipos son importantes para tu crecimiento personal. No puedes tener una sin la otra.
- La neurociencia demuestra que cualquiera puede adquirir y desarrollar confianza.
- Puedes utilizar tus conocimientos de neurociencia para aumentar tu confianza. Por ejemplo, puedes utilizar métodos como aprender a controlar cómo respondes a las malas situaciones y cambiar tu relación con las creencias negativas sobre ti mismo.
- La confianza es contagiosa: ¡utilízala a tu favor!

EL BUCLE CONFIANZA-COMPETENCIA

¿Qué es?

Imagina un bucle en el que la confianza y la competencia están entrelazadas y se influyen mutuamente de forma constante. El ciclo comienza con la creencia en ti mismo y en tus capacidades (confianza) y te impulsa a desarrollar las habilidades y los conocimientos que respaldan esa creencia (competencia).

Cuanta más confianza tengas, más motivado estarás para pasar a la acción y mejorar tus habilidades. Y a medida que adquieres competencia en un área concreta, tu confianza aumenta aún más, creando un bucle de retroalimentación positiva.

Piénsalo de este modo: la confianza es como el combustible que te impulsa hacia delante, mientras que la competencia es el motor que impulsa tu progreso.

Por qué debería interesarte el bucle de confianza-competencia

Una comprensión básica del bucle puede acelerar tu camino hacia la confianza en varios aspectos de tu vida:

- Te ayudará a superar el miedo y la ansiedad más rápidamente.
- Te ayudará a fijar objetivos y a alcanzarlos.
- Te ayudará a disfrutar del proceso de aprendizaje y a mantener la motivación.

RECAPITULANDO: UN BUCLE PARA EL ÉXITO DURANTE TODA LA VIDA

Aquí tienes una forma fácil de recordar qué es el bucle de confianza-competencia y cómo funciona... Llamémoslo el bucle "CCC":

C > Confianza (cree en ti mismo y en tus capacidades). C > Competencia (desarrolla tus habilidades y conocimientos). C > ¡Círculo completo, vuelve sobre tus pasos! (¡Gana aún más confianza y alcanza todo tu potencial!).

```
                    ┌─────────────────────┐
                    │     Confianza       │
                    │  (cree en ti mismo y│
                    │  en tus capacidades)│
                    └─────────────────────┘
```

┌──────────────────┐   ┌──────────────────┐
│ ¡Círculo completo!│   **Bucle Confianza**   │   Competencia   │
│ (gana aún más   │   **-Competencia**   │ (mejora tus   │
│   confianza y   │   **(CCC)**   │ habilidades y   │
│ desarrolla todo tu│   │ profundiza tus │
│   potencial)   │   │ conocimientos) │
└──────────────────┘   └──────────────────┘

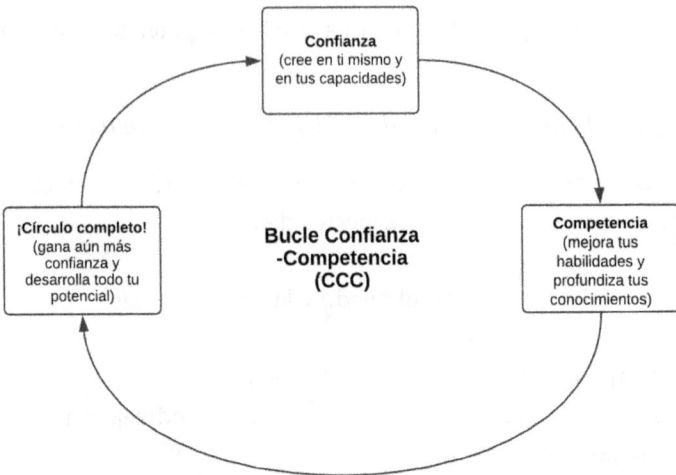

¡Eso es todo! Ahora que sabes que la confianza está a tu alcance, apuesto a que no hay *nada* que te impida conseguirla. ¿Y sabes qué? Te mereces el éxito, la felicidad y una vida increíble, así que no te conformes con menos.

Si alguna vez necesitas refrescar algo de lo que hemos hablado en un capítulo, dirígete a la parte final de cada sección, *"Recapitulando"*.

En el próximo capítulo hablaremos sobre el origen de las dudas y, mejor aún, sobre cómo superarlas. Nos vemos del otro lado.

EJERCICIO PARA REDONDEAR EL CAPÍTULO: BUSCA UNA ACTIVIDAD DE GRUPO PARA REFORZAR TU CONFIANZA

Escribe en un cuaderno una lista de tus intereses y aficiones. Repasa cada una de ellas y piensa cómo puedes practicarlas en grupo. Por ejemplo, si en tu lista aparece "arte", puedes escribir al lado "talleres de arte" o "clases de arte" como posibles actividades. O, si tu lista contiene "lectura", puedes añadir "club de lectura" como posible actividad. Si tienes "béisbol", las posibles actividades podrían ser "invitar a amigos a jugar por diversión" o "hacer una prueba para entrar a un equipo de béisbol".

Cuando hayas completado tu lista con posibles actividades, dibuja un recuadro o un círculo alrededor de tus cinco primeras opciones. Antes de tomar una decisión definitiva, habla de tus intereses y planes con tus amigos y familiares. No seas tímido y pregúntales qué opinan al respecto o incluso qué creen que encajaría bien contigo. Si puedes, habla con personas que ya estén realizando esas actividades y pregúntales cualquier duda que se te ocurra. Es posible que taches una o dos actividades después de tus charlas.

Tómate uno o dos días para pensarlo todo. Imagínate participando con confianza en cada una de las actividades restantes de tu lista. Por último, elige la que más te llame la atención, respira hondo, dite a ti mismo que tienes lo que hay que tener para hacerla bien ¡y lánzate!

CAPÍTULO 2
LAS RAÍCES DE LA DUDA ACERCA DE UNO MISMO (LA INSEGURIDAD: PRIMERA PARTE)

"Tengo dudas. Tengo inseguridad. Tengo miedo al fracaso. Hay noches en las que llego a la arena y pienso: 'Me duele la espalda, me duelen los pies, me duelen las rodillas. No puedo. Solo quiero relajarme'. Todos tenemos dudas. No las niegues, pero tampoco te rindas ante ellas. Acéptalas".

KOBE BRYANT

Tienes un amigo, Alex, que es brillante y optimista y está lleno de energía siempre que están juntos. Siempre comparte sus ideas y sueños contigo, pero en presencia de otras personas es como si se convirtiera en otra persona. Se vuelve callado y se queda en un segundo plano mientras los demás hablan. Es extraño, porque cuando alguien menciona un tema que sabes que a Alex le apasiona, es como si ni siquiera le importara. Y no ocurre solo entre amigos y compañeros de clase: te ha dicho muchas veces que quiere irse de viaje después de graduarse y alejarse del negocio familiar. Pero nunca lo has oído protestar cuando su padre le habla de las facultades de derecho a las que debería aspirar a entrar.

29

Sé que no lo admitirías ni muerto (¡ni tampoco a tus amigos, si estuvieran leyendo esto!), pero estoy segura de que entiendes cómo se siente Alex. Tiene dudas sobre sí mismo y eso lo hace cuestionarse...

- *¿Soy lo suficientemente bueno para expresar mi opinión?*
- *¿A alguien le importan las cosas que a mí me importan?*
- *¿Y si hago el ridículo?*
- *Ni siquiera estoy seguro de querer estudiar después de la secundaria, pero ¿y si decepciono a mis padres si no lo hago?*

Otras veces, la inseguridad se vuelve cruel...

- *No puedes hacerlo. Y punto.*
- *No va a pasar... Eres demasiado cobarde.*
- *¡Ni se te ocurra! Ese chico es mucho mejor en esto que tú.*

La duda sobre uno mismo nos pasa a todos, y no importa la edad que tengas, te va a acompañar el resto de tu vida.

Bueno. Sé que suena desolador, pero escúchame.

La duda tiene su lugar. Traza la importante línea que separa la arrogancia de la confianza. Y, junto con dosis saludables de estrés, la duda sirve para recordarte que, de hecho, eres simplemente humano.

En este capítulo exploraremos qué es la duda acerca de uno mismo, de dónde proviene, cómo influye en ti y cómo puedes decirle que se aparte para que seas tú quien lleve el timón de este asunto llamado vida.

¿QUÉ ES LA DUDA SOBRE UNO MISMO?

La duda sobre uno mismo es ese molesto y fastidioso duende que se sienta en tu hombro. Te hace cuestionar tus habilidades, tu potencial y tu valía. También es la fuente del diálogo interno negativo, que analizaremos en el Capítulo 6. La duda puede provocar inseguridad, que es exactamente lo contrario de la confianza. Si te dejas llevar por las dudas, puedes acabar pensando que no eres tan inteligente, talentoso o capaz como los demás.

Pero la verdad es que las dudas son solo un sentimiento. No definen quién eres ni determinan tu potencial.

Además, ¿qué poder tiene un pequeño y molesto duende si puedes quitártelo de encima cuando se porta mal? Es cierto que nunca podrás deshacerte de él, pero cada vez que lo apartes, le enviarás el mensaje claro de que *tú* tienes el control. Con el tiempo, ese pequeño duende aprenderá a comportarse (lo mejor que pueda) y se volverá más callado.

Dudar de uno mismo es normal y está bien, siempre que no permitas que te impida crecer, ampliar tus límites y vivir tu vida al máximo.

Y admitámoslo, la arrogancia no es más que un mecanismo de defensa contra los sentimientos de intensa inseguridad. Así que, si tienes que enfrentarte a un compañero arrogante, no te lo tomes en serio. Dite a ti mismo que su duende está fuera de control y aléjate. Es lo más valiente y seguro que puedes hacer: demuestra tu madurez y tu intolerancia hacia el comportamiento de los duendes.

RECAPITULANDO: ¿LA DUDA? ES SOLO UN PEQUEÑO DUENDE...

· · ·

La duda en uno mismo es un sentimiento de incertidumbre sobre tus capacidades que puede destruir tu confianza. Imagínatelo como un molesto y fastidioso duende lleno de dramatismo y negatividad.

Pero recuerda que las dudas nunca pueden definir tu valía. ¡Ahuyenta a ese maldito duende, demuéstrale quién manda y deja que brille tu confianza!

DESENMASCARANDO AL DUENDE:

¿QUÉ PROVOCA LA DUDA?

Comparacionitis: la trampa de las redes sociales

¿Alguna vez has visto la foto de un compañero de clase en una playa soleada, con una sonrisa despreocupada, y te has preguntado por qué tu vida no es tan glamorosa? Bienvenido a la "comparacionitis", donde las redes sociales alimentan tus dudas. En esta era de publicaciones cuidadosamente seleccionadas, es natural compararse con los demás. Pero recuerda que esas publicaciones, editadas y con filtros, solo revelan una parte de la historia.

Cómo afecta la comparacionitis a tu autoestima

En psicología social, existe un término llamado "comparación social ascendente". Se refiere a cuando te comparas con alguien que percibes como mejor. Por ejemplo, podrías mirar al deportista estrella de tu clase y preguntarte por qué a ti te cuesta tanto seguirle el ritmo mientras que él gana todos los partidos. Puede hacerte sentir inadecuado, como si no estuvieras a la altura.

Luego está la "comparación social descendente". Es cuando te comparas con alguien que crees que está peor que tú. Es como mirar a alguien a quien no le va muy bien en una asignatura y pensar: "Bueno, al menos yo no soy tan malo como él". Ofrece un alivio temporal, pero no aborda tus propias inseguridades.

Las investigaciones demuestran que la baja autoestima lleva a más comparaciones ascendentes, atrapándote en un ciclo en el que te sientes cada vez peor. Sin embargo, no todo el mundo acaba sintiéndose mal. Algunos utilizan las comparaciones como motivación para superarse. Todo depende de tu percepción de control y de tu creencia en la posibilidad de cambio.

Por ejemplo, imagina que aspiras a ser un corredor más rápido y te comparas a menudo con el mejor corredor que conoces. Pero en lugar de sentirte inadecuado, te sientes inspirado para aprender de su técnica. Al fin y al cabo, se trata de canalizar la comparación hacia un crecimiento positivo.

Cómo manejar la comparacionitis

No te dejes engañar por lo que ves en Internet: son solo los mejores momentos. En el mundo real, todos nos enfrentamos a dificultades y dudas, aunque nuestros perfiles sugieran lo contrario.

Compararte con esas instantáneas perfectas es como comparar un puzle inacabado con otro acabado... ¡No es justo! No es justo. Hay toda una lucha para ajustar y mover todas las piezas antes de que alguien llegue a ver esa imagen brillante al final.

En lugar de caer en la trampa de la comparación, replantea tu forma de pensar. Acepta tu singularidad, tus talentos, tus pasiones y tus experiencias. Tu viaje es solo tuyo, y eso hay que celebrarlo. La vida no es una competición; se trata de abrazar el crecimiento, el progreso y la individualidad.

Así que, la próxima vez que tu molesto duende se ponga nervioso, dile que se calle. Recuérdate a ti mismo que eres más que tu perfil en Internet y que tus compañeros son más que eso. Deja de malgastar energía en comparaciones y redirígela hacia la autoaceptación, el amor propio y la celebración de tus cualidades únicas.

Miedo al fracaso: el juego del "y si...".

Ahí estás, ocupándote de tus asuntos...

Y ¡ZAS!

Se te ocurre una idea increíble. Es el comienzo de algo enorme, un sueño que espera cobrar vida. Puedes sentir la emoción y la pasión burbujeando en tu interior.

"Pero... ¿y si todo sale horriblemente mal y fracaso?".

Es el duende de la duda. Otra vez.

El duende intenta protegerte. El cerebro humano está programado para priorizar la seguridad y la comodidad, por lo que el miedo al fracaso y el miedo a lo desconocido suelen ir de la mano. Hay veces en que la respuesta del duende es realmente válida. Por ejemplo, si te advierte que no debes subirte a un coche con un desconocido al azar, deberías hacerle caso y salir de allí.

Pero el duende tiene un problema: no distingue entre peligro y oportunidad. No entiende que ir sobre lo seguro en cualquier situación desconocida no te llevará muy lejos. Tu trabajo es ayudar al duende a entender la diferencia.

Todas las personas exitosas se han enfrentado al fracaso en algún momento. El fracaso es tan normal como respirar y debe considerarse un peldaño hacia el crecimiento y el éxito. Imagínate que Thomas Edison se hubiera rendido tras sus primeros intentos de inventar la bombilla eléctrica: ¡aún estaríamos dando tumbos en la oscuridad! Él decía:

"No fracasé. Tan solo encontré diez mil maneras que no funcionan".

En lugar de sucumbir a los "y si..." del duende y quedarte en tu zona de confort, sé valiente. Desafía esas dudas, explora tus ideas y persigue tus sueños, aunque te aterroricen. Respira hondo, ármate de valor y prométete a ti mismo que la duda no controlará tu destino. Aunque tropieces y caigas, aprenderás lecciones inestimables y descubrirás fortalezas ocultas. Recuerda que el fracaso no es lo contrario del éxito, sino parte del camino.

En el capítulo 3, profundizaremos en la anatomía del miedo y hablaremos de estrategias para superarlo.

Influencias negativas: los ladrones de sueños

Imagina esto: has superado el miedo al fracaso y ahora persigues tus sueños como un campeón. Lo siguiente que ocurre es que te encuentras con alguien que, sin querer, hace un agujero en tus velas y te obliga a avanzar más lento o incluso detenerte.

Tal vez tus amigos cuestionen tus capacidades o tus padres duden de la viabilidad de tus sueños. También podría tratarse del duende de tu hombro, que amplifica las dudas sembradas por otros. En cualquier caso, parece como si estuvieran lanzando pequeñas piedritas contra tu confianza, erosionándola poco a poco.

¡Duele! ¿verdad?

Pero no dejes que te hundan. Dentro de un rato hablaremos de cómo puedes mantener la cabeza alta, pero antes, hablemos de los dos tipos de ladrones de sueños:

1. Personas que no tienen ningún interés en tu éxito. Harán y dirán cualquier cosa para desviarte de tu camino.

2. Personas que se preocupan de verdad por ti, pero les cuesta expresar sus preocupaciones de forma constructiva.

Aquí te explico cómo manejarlos: Ante todo, respétate lo suficiente como para alejarte de aquellos a quienes no les importas.

Puede sonar duro, y no será fácil, pero es la decisión correcta y la mejor. Nunca necesitarás al primer tipo de ladrón de sueños. Solo drenarán tu energía positiva y te tacharán de cobarde. Déjalos ir.

Rodéate de personas positivas y edificantes que crean en ti. No se trata de buscar validación o permiso para perseguir tus sueños. Se trata de encontrar tu tribu, las personas que te animarán cuando te sientas desanimado o distraído.

Tratar con el segundo tipo de ladrón de sueños es más complicado, porque no pretenden desanimarte y se preocupan sinceramente por ti. Es tu responsabilidad explicarles que su negatividad no es útil para ti. Dicho esto, mantente abierto a sus preocupaciones y piensa si tienen algo de razón. Tal vez su falta de apoyo se deba a cómo estás enfocando tus sueños más que a tus sueños en sí. Simplemente, muéstrate dispuesto a entablar conversaciones. Recuerda que la confianza no es arrogancia.

Eres el capitán de tu propio barco, navegando por el vasto océano de la vida. Posiblemente te cruces con mares tormentosos y olas embravecidas, pero tú tienes el poder de navegar por tu rumbo. Nunca permitas que los ladrones de sueños te arrebaten el timón y cambien tu trayectoria. Toma el control, navega con confianza y avanza hacia tus sueños con determinación.

Experiencias pasadas

Las experiencias negativas del pasado son como pequeñas semillas de duda. Echan raíces en tu mente y te hacen cuestionar tu capacidad para triunfar. Puede ser el recuerdo de ese examen para el que estudiaste mucho pero no lo superaste, el daño involuntario que causaste a un amigo o la vergüenza y el rechazo a los que te enfrentaste después de poner todo tu corazón en algo.

Aunque ahora no lo parezca, tus experiencias pasadas no tienen el poder de definir tu futuro. Simplemente forman parte del viaje. Que hayas sufrido reveses en el pasado, no significa que estés abocado al fracaso. ¿Recuerdas lo que dijo Thomas Edison sobre encontrar diez mil maneras que no funcionaron? En tu vida también encontrarás numerosos caminos que conducen a callejones sin salida, pero así es la vida. El truco está en persistir y creer en uno mismo.

Es como enfrentarse a un nivel difícil en un videojuego: cada vez que te derriban, no te rindes, sino que aprendes de tus errores, ajustas tu estrategia y vuelves cada vez más fuerte hasta que lo superas. Cada experiencia, buena o mala, encierra lecciones y oportunidades de crecimiento. Todo lo que tienes que hacer es creer en tu capacidad para aprender y superar cualquier obstáculo.

Acepta los fantasmas del pasado como recordatorios amistosos de lo lejos que has llegado y deja que te inspiren para seguir adelante. ¡Tú puedes!

Expectativas poco realistas: la trampa de la perfección

Fijarse expectativas poco realistas es una invitación abierta a la duda. Puede llevar a la decepción y la frustración.

¿Y sabes qué es lo peor de perseguir la perfección? Que es una ilusión. Es como perseguir el tesoro al final del arcoíris. Por mucho que lo intentes, nunca alcanzarás ese estado de perfección. ¿Y sabes qué? ¡No pasa nada!

¿Quién dijo que la vida tenía que ser perfecta? Estamos aquí para vivir, experimentar y sortear obstáculos en nuestro camino hacia el autodescubrimiento. Son los desvíos y los giros inesperados los que dan sentido a nuestras vidas y nos proporcionan historias inolvidables. ¿Has oído alguna vez a alguien decir: "Déjame que te cuente aquella época en la que todo era perfecto en mi vida..."? Es poco probable, e incluso pensar en eso podría hacerte bostezar de aburrimiento.

En lugar de fijarte en la perfección, céntrate en el progreso. La vida es un viaje de crecimiento, y merece la pena celebrar cada pequeño paso adelante. Ya sea aprobar un examen, terminar un proyecto o armarse de valor para probar algo nuevo, cada victoria merece un reconocimiento.

Deja de crearte expectativas poco realistas y de pensar que tus amigos, padres, profesores o mentores esperan la perfección de ti. No es así. Solo esperan que des lo mejor de ti, y hay una gran diferencia.

Da lo mejor de ti en todo lo que hagas y disfruta de la alegría del progreso. Cultiva tus habilidades, tu talento y tu confianza. Sí, habrá contratiempos y tropiezos en el camino, pero sigue adelante. Con el tiempo y el esfuerzo, te darás cuenta de que las expectativas realistas mezcladas con errores, son mucho más gratificantes que las expectativas poco realistas que no conducen a nada.

Acepta el desorden que conlleva el crecimiento y aspira a convertirte en la mejor versión de ti mismo sin buscar la perfección, ya que esta ¡no existe!

RECAPITULANDO: CÓMO ESQUIVAR LOS DESENCADENANTES DE LA DUDA QUE ALIMENTAN AL MOLESTO DUENDE

¿Recuerdas al profesor Snape de Harry Potter? Ese sí que era un tipo capaz de provocar dudas, ¿verdad? Cuando quieras recordar las causas de la duda, piensa en el profesor Snape:

S: Sociales. La comparacionitis de las redes sociales: la trampa de compararse con los demás.

N: Navega por el juego del "y si..." superando tu miedo al fracaso.

A: Aléjate de las influencias negativas, hazles frente a los ladrones de sueños.

P: Pasado. Las experiencias pasadas nunca pueden definir tu futuro.

E: Expectativas realistas. Ayudan a escapar de la trampa de la perfección.

LA RELACIÓN ENTRE LAS EXPERIENCIAS DE LA PRIMERA INFANCIA, LA AUTOESTIMA Y LA CONFIANZA EN UNO MISMO

Piensa en tu primera infancia como el prólogo de la epopeya de tu vida. La forma en que te criaron desempeña un papel importante en la formación de tu autoconfianza.

Si recibiste amor, apoyo y estímulo durante tus primeros años, eso sentó las bases de un fuerte sentido de la autoestima y te fortaleció contra la duda y la inseguridad. Por el contrario, si tuviste oportunidades limitadas o la falta de apoyo y estímulo, es probable que te hicieras más vulnerable a la influencia del duende de la duda, lo que conduce a una menor autoestima y seguridad en ti mismo.

Al igual que las semillas de los árboles pueden germinar y echar raíces allí donde las lleve el viento, los seres humanos no tenemos control sobre las circunstancias en las que nacemos. Sin embargo, a diferencia de los árboles, tenemos el increíble potencial de hacer que las cosas funcionen a nuestro favor, independientemente de cuáles hayan sido nuestras primeras experiencias. Tú eres el capitán de tu propio barco y tienes el poder de cambiar el rumbo hacia una vida plena de alta autoestima y confianza ilimitada.

AUTOESTIMA
CONFIANZA
Definición

Equivale a cuánto te valoras a ti mismo como persona, en general, y determina cuan digno te consideras de la amistad, el amor y el reconocimiento.

La fe inquebrantable en tus capacidades, potencial y habilidades sociales (ver capítulo 1: confianza epistémica y confianza social).

Ejemplo

"Merezco respeto y amor porque soy genial a mi propia manera".

"¡Puedo hacer esto!".

Relaciones

Tener una alta autoestima puede llenarte de confianza en distintas áreas. Cuando sientes que vales, es más probable que corras riesgos y enfrentes desafíos con optimismo.

Si te falta confianza en cierta área, eso puede afectar tu autoestima. Las dudas y los pensamientos negativos pueden perjudicarte y hacerte poner tu valía en tela de juicio.

Retroalimentación

Una autoestima baja dificulta el desarrollo de la autoconfianza. Dudas de ti mismo y te sientes poco digno de tener éxito. Es una situación complicada.

Al mismo tiempo, no tener confianza en ciertas áreas puede afectar tu autoestima. Es un ciclo que se retroalimenta.

Importancia

La autoestima sienta las bases de cómo te percibes en general. Afecta tu autoimagen, autoaceptación y bienestar emocional. ¡Es muy importante!

La confianza es fundamental para tomar acción, perseguir objetivos y superar obstáculos. Te ayuda a crecer y triunfar en distintas áreas de la vida.

Exploremos algunos consejos prácticos que pueden ayudarte a cambiar de rumbo.

Reflexiona sobre tu autoestima: reconoce tus puntos fuertes, capacidades y potencial únicos. Celebra tus logros, por pequeños que sean, y recuérdate a diario que eres suficiente y digno.

Fíjate objetivos alcanzables: si tienes grandes sueños, ¡bien por ti! Pero, a veces, un gran sueño puede resultar abrumador y parecer imposible de alcanzar. Divídelo en objetivos más pequeños y manejables. Actuar con constancia y progresar te dará una sensación de logro y aumentará tu confianza.

Practica el autocuidado y la autocompasión: da prioridad a las actividades que te aporten alegría, te ayuden a relajarte y alimenten tu alma. Haz suficiente ejercicio, duerme bien, come alimentos sanos y alimenta tu mente con cosas buenas. Practica la autoconversación positiva y acepta tus imperfecciones con compasión.

Explora tus intereses y desarrolla tus habilidades: invierte tiempo en actividades que te apasionen. Ya sea un hobby, un deporte, el arte, la música o una actividad académica, centrarte en algo que te gusta te dará un sentido de propósito y contribuirá a aumentar tu confianza.

Pide ayuda: buscar ayuda no es un signo de debilidad, sino una elección valiente y sensata. Si te resulta difícil reforzar tu autoestima por ti mismo, acude a un adulto de confianza para que te guíe y te apoye.

RECAPITULANDO: DE DÓNDE VIENES NO DEFINE HACIA DÓNDE VAS

Aunque las experiencias de tu primera infancia pueden haber influido en tu autoestima y confianza, tú tienes el control sobre cómo desarrollarlas en el futuro. Invierte en tus intereses, fíjate metas alcanzables, sé consciente de los desencadenantes de las dudas y no dudes en buscar el apoyo de un adulto de confianza si lo necesitas. ¡Tú puedes!

EJERCICIO PARA REDONDEAR EL CAPÍTULO: ¡TOMA EL TIMÓN, CAPITÁN!

En la sección anterior, aprendiste formas prácticas de cambiar el curso de tu viaje de desarrollo de la confianza. Independientemente de la base que hayas recibido durante tu primera infancia, siempre te enfrentarás a personas y situaciones que pondrán a prueba tu autoestima y confianza. Esta actividad te ayudará a mantener el rumbo frente a esos desafíos.

¿Preparado? Toma un bolígrafo y un cuaderno y pongámonos manos a la obra.

Paso 1: Destaca tus puntos fuertes. Piensa en tres cosas de ti mismo que se te den realmente bien o de las que te sientas orgulloso. Puede ser cualquier cosa, desde ser un amigo estupendo, dominar esa asignatura en la escuela ¡o incluso esa habilidad secreta que utilizas para impresionar a la gente! Tómate un segundo para apuntarlo.

Paso 2: Destaca tus retos actuales. Escribe los tres principales retos a los que te enfrentas en este momento. Puede que se trate de lidiar con el estrés escolar, hacer nuevos amigos o probar algo que nunca has hecho antes. No te preocupes; ¡todos tenemos nuestra parte de cosas con las que lidiar!

Paso 3: Reformula tus retos. Esta es la parte divertida. Imagina que esos retos son en realidad oportunidades para mostrar tus puntos fuertes. Por ejemplo, si estás nervioso por probar algo nuevo y uno de tus puntos fuertes es ser un amigo increíble, piensa en cómo animarías a un amigo a ser valiente.

Paso 4: Visualiza tu confianza. Imagínate como alguien que ya ha vencido sus dudas y visualiza un resultado en el que has superado los tres retos. ¿Puedes sentir la autoestima y la confianza que emanan de ti? Algo poderoso, ¿verdad? Está totalmente a tu alcance.

Paso 5: Toma pasos SMART para conquistar todos tus desafíos a partir de ahora.

Ahora que sabes que los retos no son más que oportunidades disfrazadas y que es posible replantearlos, eso es exactamente lo que debes hacer a partir de ahora. Pero no te limites a reconocer una oportunidad: fíjate un objetivo SMART (por sus siglas en inglés) para conquistarla:

Específico (claro y bien definido)

Medible (que tenga un principio y un final definidos)

Alcanzable (realista, razonable)

Relevante (alineado con tus valores y objetivos)

Limitado en el tiempo (con un plazo, una fecha límite)

Con esta fórmula, tendrás realmente el control de tu vida y podrás vivir con claridad, dirección y una autoestima y confianza inquebrantables.

Ahora que conoces las raíces de la duda sobre uno mismo, es hora de analizar al mayor culpable de ella: el miedo. Si puedes, asegúrate de completar el ejercicio anterior antes de pasar al capítulo 3.

Recuerda: si alguna vez necesitas refrescar algo de lo que hemos hablado en cierto capítulo, dirígete a la sección "Recapitulando" correspondiente.

¡Nos vemos del otro lado!

CAPÍTULO 3
(LA INSEGURIDAD: SEGUNDA PARTE)

"El miedo es una emoción poderosa, pero no es permanente".

SUSAN JEFFERS

LOS FUNDAMENTOS

El miedo es el sistema de alarma de tu cuerpo. Cuando percibes un problema o un peligro, se activa y te dice que hagas algo al respecto. Imagina que tienes que hacer algo que odias. Ya se trate de hacer una presentación, participar en una actividad social o deportiva, o algo que tu familia espera que hagas, tu sistema de alarma suele activarse justo antes de que tenga lugar el acontecimiento. Te bombardeará con el corazón acelerado, la respiración entrecortada, las palmas de las manos y las axilas sudorosas y un aluvión de pensamientos del tipo "y si...". Entonces, justo cuando estés a punto de participar en la actividad, tendrás una de estas dos reacciones:

1. La respuesta de "lucha": respirarás hondo, intentarás calmarte y continuarás con la actividad.
2. La respuesta de "huida": te paralizarás, te sentirás demasiado abrumado y no participarás en la actividad.

Además, existe la ansiedad, ese sentimiento persistente e intranquilo que te hace preocuparte por cosas que podrían ocurrir o no. Por ejemplo, antes de una gran presentación, te puede preocupar tropezar en el escenario, no encontrar las palabras o cometer una metedura de pata que se convierta en la comidilla del instituto.

Aunque todas estas situaciones son posibles, es muy poco probable que ocurran. Y eso es lo que ocurre con la ansiedad... Noventa y nueve de cada cien veces, la gente acaba preocupándose por nada porque todos los escenarios descabellados que su mente imagina nunca llegan a producirse. Aun así, la ansiedad tiene el poder de amplificar el miedo como si nada.

Echa un vistazo a la siguiente tabla para hacerte una mejor idea de la diferencia entre miedo y ansiedad, así como de la delicada interacción entre ambos:

MIEDO
ANSIEDAD
RETROALIMENTACIÓN
Definición
Tu respuesta ante amenazas o peligros inmediatos.
Tu respuesta ante situaciones hipotéticas que podrían suceder
o no.
El miedo puede generar ansiedad, y la ansiedad amplificar el
miedo.
Ejemplos
Que te persiga un perro suelto.
Que te sorprenda un ruido fuerte.
Caer de un edificio alto.
Ver que se acerca el matón de la escuela.
Estresarse por los próximos exámenes.
Preocuparse por interacciones sociales y hacer amigos (ansiedad
social).
Pensar mucho y tener dificultades para concentrarse.

Sentirse inquieto sin ningún motivo aparente.
Tu miedo de perder un examen puede generarte ansiedad.
La ansiedad social puede conducir al miedo de ser juzgado por los demás.
La ansiedad puede generar miedo a perder el control y miedo a fracasar.
Cómo el miedo influye en la ansiedad y viceversa
El miedo puede generar ansiedad temporal para preparar a tu cuerpo para luchar o huir en circunstancias normales. Sin embargo, la ansiedad puede hacerte temer más de la cuenta y hacer que tus miedos sean más persistentes e intensos. Si no se aborda, la ansiedad puede hacerte percibir situaciones del día a día como peligrosas.

CÓMO TE AFECTA LA ANSIEDAD

Aunque la ansiedad es totalmente normal, puede interferir en tu vida si se sale de control, por lo que es importante manejarla.

Entrenar tu mente para que esté más tranquila hará que tus respuestas al miedo sean menos graves y te ayudará a desarrollar un umbral del miedo más alto. Esto significa que redefinirás lo que percibes como amenazante o peligroso (pero no hagas como Nala y te rías ante cosas realmente serias, ¿de acuerdo?).

Aquí tienes las razones de por qué no quieres que tu ansiedad se descontrole...

La ansiedad puede alterar tu vida escolar. Cuando estás ansioso, te cuesta más concentrarte, recordar cosas y tomar decisiones importantes. Esto puede disuadirte de hacer las tareas escolares y hacer que evites tu educación por completo.

• • •

La ansiedad también puede afectar tu vida social. Preocuparse por ser juzgado o rechazado puede dificultar hacer amigos, participar en actividades de grupo y socializar. Esto, a su vez, puede hacer que te sientas aislado y aumentar tu ansiedad.

La ansiedad puede llevarte a un viaje emocional, haciéndote sentir abrumado, enfadado y frustrado. Este estado exacerbado hace casi imposible relajarse y disfrutar de la vida porque siempre se está al límite.

La ansiedad puede provocar dolores de cabeza y de estómago, tensión muscular, fatiga y desvelos nocturnos. Por si fuera poco, puede debilitar tu sistema inmunitario, haciéndote más susceptible a las enfermedades o empeorando problemas de salud existentes.

A veces, cuando la ansiedad se vuelve demasiado abrumadora, puede hacer que **la gente recurra a "soluciones" peligrosas.** Las drogas y el alcohol pueden parecer soluciones rápidas, pero a la larga pueden crear problemas más graves.

La ansiedad puede tensar las relaciones familiares. Puede provocar fallos en la comunicación y causar conflictos, confusión y frustración para todos.

Si no abordas la ansiedad ahora, puede acecharte en la edad adulta y causarte más problemas. Vivir con ansiedad descontrolada puede limitar tu crecimiento personal, privarte de oportunidades y hacerte infeliz.

Con el tiempo, puede desembocar en problemas más graves como la depresión o el abuso de sustancias.

EL COMPORTAMIENTO BASADO EN EL MIEDO

Cómo el miedo influye en tu comportamiento

Todos conocían a Hannah como una persona intrépida. La admiraban porque le encantaba dirigir proyectos, hablar delante de otros y desafiar su zona de confort. Pero tenía un secreto: le daban miedo los toboganes de agua, y la mera idea de deslizarse por aquella colosal estructura le producía escalofríos.

Un día, tuvo que enfrentarse a su miedo mientras estaba con sus amigos en el parque de atracciones. Mientras las risas y el entusiasmo de todos llenaban el ambiente, a Hannah se le aceleró el corazón y sintió una intensa falta de aire. Su duende de la duda le susurraba al oído, evocando imágenes de vergüenza, pérdida de control y daño potencial. La dominaba, sofocando su deseo natural de diversión y aventura.

Hannah observó cómo sus amigas se lanzaban por el tobogán una a una, mientras sus gritos de alegría se desvanecían en la distancia. La batalla en su interior se intensificó cuando el miedo la instó a retirarse e inventar excusas para evitar el desafío.

Puede que el miedo de Hannah a los toboganes acuáticos no sea demasiado grave, pero examinemos el verdadero problema: sabe que todo el mundo la admira porque es la valiente. Así que quizá el miedo más profundo de Hannah sea perder a sus amigos porque pensarán que es un fraude si no se arriesga. Y solo por eso, podría tirarse por el tobogán de agua. En este caso, enfrentarse a su miedo sería bueno, porque desafiaría su zona de confort y aprendería más sobre sí misma de una forma saludable.

Pero ¿y la próxima vez?

¿Hasta dónde estaría dispuesta a llegar Hannah para "demostrar" que no es un fraude? Si, por ejemplo, sus amigos quieren experimentar con el alcohol o las drogas y ella no tiene ningún interés en hacerlo, ¿cederá porque cree que se supone que ella es la valiente?

¿Ves cómo el miedo puede influir en tu comportamiento? Puede empujarte a asumir riesgos peligrosos que comprometen tus valores y tu bienestar. En el capítulo 7, hablaremos de cómo superar este tipo de presión.

Señales de que el miedo afecta negativamente tu vida

Piensa en aspectos concretos de tu vida mientras lees los siguientes ejemplos. Quizá, puede que pienses que estás decidido a dar lo mejor de ti en todo, pero ¿quizá te estás esforzando demasiado en los deportes o en los estudios hasta el punto de que tienes miedo a fracasar?

- Te pones estándares imposibles y te sientes fracasado cuando no los alcanzas.
- Te conformas con menos de lo que quieres en la vida.
- Dices que sí a cosas a las que deberías decir que no, y viceversa.
- Te cuesta hablar claro y poner límites.
- Pospones las cosas hasta el último momento.
- Eres un maestro en encontrar distracciones para mantenerte ocupado y así evitar proyectos y tareas.

Todos estos comportamientos están asociados a los peores miedos más comunes entre los adolescentes. Nos centraremos en esos miedos (y en cómo superarlos) en la sección: "Cómo superar tus peores miedos".

Cómo reaccionas ante el miedo y el trauma

Como adolescente, no solo tienes que enfrentarte al miedo, sino que también estás pasando de la infancia a la edad adulta. Es una etapa especialmente difícil de tu vida y a veces sentirás que las cosas están fuera de control. Es normal. Mientras te recuperes de los contratiempos y creas en ti mismo, lo estarás haciendo bien. Veamos algunas formas de reaccionar ante el miedo y las experiencias traumáticas:

- Experimentarás una montaña rusa emocional de tristeza, ira, ansiedad y culpa, que a veces puede dejarte con la sensación de estar atrapado en un bucle sin fin.
- Puede que sientas el impulso de alejarte de tu familia y amigos cuando ocurran cosas malas. Tomarte un tiempo a solas puede ser útil, pero recuerda que buscar apoyo también es crucial.
- El miedo puede hacerte reaccionar de formas inesperadas, como comportarte mal, rebelarte o renunciar a tus responsabilidades. También es posible que pierdas el interés por cosas que antes te gustaban. Todo esto forma parte de tu viaje de autodescubrimiento. Dicho esto, si tu comportamiento te causa problemas o si nada te interesa durante semanas o meses, deberías pedir ayuda a un adulto de confianza.
- El miedo puede volverte pesimista, cínico y desconfiado. Incluso puede afectar a tu memoria, concentración y capacidad para resolver problemas. Pero no te preocupes: tu mente es poderosa y, con tiempo y apoyo, recuperarás tus habilidades de ninja mental.

Recuerda que no es ninguna vergüenza contarles a tus padres, a un profesor de confianza o a un mentor por lo que estás pasando. Aunque no sepas expresarlo bien, se sentirán honrados de que hayas acudido a ellos y harán todo lo posible por ayudarte a superar tu mala racha.

Cómo saber si actúas por miedo

- Presta atención a tu cuerpo. Es como tu medidor personal del miedo. Si se te acelera el corazón, te sudan las manos o te da un vuelco el estómago, probablemente sea miedo.
- Si dudas constantemente de ti mismo o te menosprecias, probablemente sea el miedo el culpable de tu monólogo interior.
- ¿Evitas situaciones o retos porque te hacen sentir incómodo? El miedo a menudo te dice que huyas y te escondas, pero recuerda que enfrentarte a él puede llevarte a un crecimiento personal increíble.
- Confía en tus instintos. Si hay algo que no te cuadra, puede que el miedo te esté avisando de un peligro real. Tómate un momento para hacer una pausa, respirar y escuchar a tu instinto.

Tienes el poder de enfrentarte a tus miedos y crear una vida llena de coraje y resiliencia, pero el comportamiento basado en el miedo puede ser un obstáculo. Reconocer cuándo actúas por miedo es el primer paso para recuperar el control.

CÓMO SUPERAR TUS PEORES MIEDOS

Es posible que esta sección no aborde todos los miedos que te roban la alegría y te frenan, pero habla de los que estoy casi 100% segura de que están minando tu confianza. Digo "casi" porque no sé leer la mente (¡aunque mis hijos a veces creen que sí!). Simplemente, tengo una idea porque, a lo largo de los años, los adolescentes han luchado contra un puñado de miedos comunes: yo misma, mis hermanos, todos nuestros antiguos compañeros de clase y tus padres incluso.

Si puedes aprender a superar estos miedos comunes en esta etapa crítica de tu vida, nada se interpondrá en tu camino.

EL MIEDO A NO CUMPLIR LAS EXPECTATIVAS

Parece que todo el mundo espera que seas un estudiante sobresaliente, ¿verdad? Pero, en serio, eres mucho más que tus notas. Este miedo está relacionado con la búsqueda de la perfección. Pero ya sabes que la perfección es un juego que nadie puede ganar, así que detente antes de caer en un ciclo frustrante. Aquí tienes algunos consejos prácticos:

Fíjate objetivos realistas: identifica tus áreas de interés y céntrate en mejorar en ellas, manteniendo al mismo tiempo un enfoque equilibrado de tus otras responsabilidades.

Reconoce tus esfuerzos: aunque los resultados no estén a la altura de tus expectativas, siéntete orgulloso de tu dedicación y trabajo duro.

Acepta los errores como oportunidades de aprendizaje: considera los errores como valiosas experiencias de aprendizaje. Analízalos, identifica áreas de mejora y utilízalos como peldaños hacia el éxito.

Desarrolla hábitos de estudio eficaces: crea un plan de estudio estructurado que te permita gestionar tu tiempo de forma eficaz. Divide las tareas grandes en pasos más pequeños y manejables, y prioriza tu carga de trabajo en consecuencia.

EL MIEDO A CÓMO TE PERCIBEN LOS DEMÁS (ANSIEDAD SOCIAL)

Todos queremos encajar y tener amigos que nos aprecien por lo que somos. Pero a veces, nuestra mente puede crear escenarios aterradores, diciéndonos lo que los demás deben estar pensando. Es como si nuestro cerebro fuera demasiado creativo para su propio bien.

La mayoría de las veces, sin embargo, las cosas que imaginas no son ciertas. Créeme, la gente no está sentada juzgándote las 24 horas del día. Están demasiado ocupados preocupándose de sus propias vidas, de qué ponerse mañana o de qué hay para comer (o quizá luchando contra su propia ansiedad social). Aplica los siguientes consejos para superar tu ansiedad social:

Acepta tu singularidad: saca a relucir tus peculiaridades, talentos y pasiones. Siéntete orgulloso de quién eres y deja que brille tu confianza.

Empieza poco a poco: la confianza social no se adquiere de la noche a la mañana. Empieza por entablar conversaciones con personas con las que te sientas cómodo. Practica la escucha activa, el contacto visual y las preguntas.

Desafía tus pensamientos negativos: en lugar de suponer lo peor, pregúntate: "¿Qué pruebas hay de este pensamiento? ¿Es realmente cierto?". La mayoría de los miedos se basan en suposiciones y no en hechos. Sustituye esos pensamientos negativos por otros positivos, como "soy digno de amistad" o "tengo cosas interesantes que decir".

Practica, practica y practica: como cualquier habilidad, socializar requiere práctica. Únete a clubes, organizaciones o equipos donde puedas conocer a gente que comparta tus intereses. Cuanto más interactúes con los demás, más cómodo te sentirás. Recuerda que no pasa nada si al principio tropiezas o te sientes incómodo. ¡A todos nos pasa!

Sé amable contigo mismo: no te castigues si te pones nervioso o cometes un error social. Recuerda que estás creciendo y aprendiendo, así que trátate con amabilidad y compasión, como tratarías a un amigo íntimo que está pasando por una mala racha.

EL MIEDO AL RECHAZO

El rechazo forma parte de la vida. Le ocurre a todo el mundo, incluso a la gente más genial y popular que conoces. Pero nunca lo olvides: las opiniones no definen la valía. Aquí tienes algunos consejos prácticos para vencer el miedo al rechazo.

Abraza tu valentía interior: desafíate a hacer algo que te asuste un poco cada día, aunque sea algo pequeño. Cuanto más ejercites tus músculos de la valentía, más fuertes se volverán.

Dale la vuelta al guion del rechazo: en lugar de ver el rechazo como un golpe personal, replantéalo como una oportunidad de aprendizaje. Pregúntate: "¿Qué puedo aprender de esta experiencia?". Quizá haya un nuevo enfoque que puedas probar la próxima vez. Se trata de crecer y resistir, y cada rechazo te acerca más a tus objetivos.

Rodéate de apoyo: los amigos que ya tienes son tu escuadrón de apoyo. Comparte con ellos tus objetivos y tus miedos y deja que te apoyen. Estarán ahí para animarte cuando te sientas mal y recordarte que eres increíble.

Prepárate para las posibilidades: antes de arriesgarte, haz un poco los deberes. Tanto si se trata de invitar a alguien a salir como de aprovechar una oportunidad, reúne información y elabora un plan. Si te preparas, reforzarás tu confianza y aumentarás las posibilidades de obtener un resultado positivo.

Sé fiel a ti mismo: nunca cambies quién eres o en qué crees solo para obtener el sello de aprobación de alguien. Mantén la confianza en ti mismo: el mundo lo notará y las personas adecuadas querrán ser tus amigos.

EL MIEDO A LA CRÍTICA, EL MIEDO A LAS HABLADURÍAS, EL MIEDO A LA VERGÜENZA

EL MIEDO A LA CRÍTICA

No importa lo fantástico que seas, siempre habrá críticos. Es como si tuvieran un título en criticar o algo así, ¿verdad? Una vez más, las opiniones de la gente no te definen. Esto es lo que puedes hacer para combatir este miedo:

Acepta las críticas constructivas: cuando alguien te ofrezca su opinión, respira hondo y escucha con la mente abierta. Distingue las cosas útiles de la negatividad innecesaria. Recuerda que incluso las personas más destacadas pueden mejorar.

Céntrate en la autoaceptación: la opinión más importante sobre ti debe venir de... ¡ti mismo! Reconoce tus puntos fuertes, celebra tus logros y aprende de tus errores. Cuando crees en ti mismo, las voces de los críticos no son más que débiles bla, bla, bla.

EL MIEDO A LAS HABLADURÍAS

Los rumores negativos son una mala noticia para la confianza de cualquiera. Aunque no hay una forma infalible de evitarlos, sí que puedes hacer algunas cosas para superar este miedo y minimizar las posibilidades de convertirte en víctima de las habladurías. Veamos cuáles son:

No te metas en lo que no te importa: céntrate en ser la mejor versión de ti mismo en lugar de enredarte en el drama de los demás. Canaliza tu energía hacia actividades positivas y deja que los chismosos se entretengan a su antojo.

Elige bien a tu tribu: rodéate de amigos que respeten tus límites y te cubran las espaldas. Un buen amigo no participará en chismes ni difundirá rumores sobre ti o los demás.

Predica con el ejemplo: en lugar de unirte a los rumores, lidera con amabilidad y empatía. Si alguien intenta chismorrear en tu presencia, ponte firme y demuéstrale que difundir positividad es mucho mejor que sembrar el drama.

EL MIEDO A LA VERGÜENZA

Ay, el miedo a convertirse en un meme andante. Todo el mundo tiene un momento incómodo de vez en cuando. Pregúntaselo a tus hermanos o a tus padres: será una conversación divertida. Te cuento lo que me pasó a mí.

Un día, estaba de visita en casa de una amiga y su madre me preguntó en qué pensaba especializarme cuando fuera a la universidad.

"Me encantaría especializarme en inglés", le dije, "pero no estoy segura de qué opciones profesionales hay para eso".

La madre de mi amiga contestó: "Bueno, ¡podrías ser bibliotecaria!".

"¡Jajaja! Muy gracioso... ¿Quién haría eso?", pregunté muy segura de mí misma.

Ella me miró y me dijo: "Yo soy bibliotecaria".

Sí. Me sentí bastante humillada. La madre de mi amiga fue muy amable, se rio y todo salió bien, pero yo me sentí muy avergonzada.

Si (y cuando) te ocurre algo incómodo, la clave está básicamente en dejarse llevar por la corriente y no dejar que ese momento te persiga para siempre. Aquí tienes algunos consejos prácticos para superar el miedo a pasar vergüenza.

Abraza al tonto que llevas dentro: la vida es demasiado corta para tomárselo todo en serio, así que tropiézate con los cordones de los zapatos y ríete de ti mismos a carcajadas con orgullo. Recuerda que la risa es contagiosa y que reírse de uno mismo es un don que te servirá para toda la vida.

Convierte la vergüenza en crecimiento: cada momento embarazoso es una oportunidad para crecer y aprender. En lugar de repetir la escena vergonzosa en tu cabeza, pregúntate: "¿Qué puedo aprender de esto? ¿Cómo puedo afrontar mejor una situación similar la próxima vez?". Utiliza estos momentos como trampolines para convertirte en una versión más segura y resiliente de ti mismo.

EL MIEDO A LO DESCONOCIDO

El miedo a lo desconocido es como encontrarse en una encrucijada y no saber qué camino tomar. Es natural sentirse un poco ansioso o indeciso. A tu cerebro le gusta ceñirse a lo que le es familiar y predecible, y tratará de alejarte de lo desconocido sin ni siquiera considerar que puede haber algo increíblemente emocionante a la vuelta de la esquina. Esto es lo que puedes hacer para tener menos miedo a lo desconocido.

Acepta la emoción de lo inesperado: la vida sería muy aburrida si siempre supiéramos lo que nos espera. Así que cambia tu mentalidad del miedo al entusiasmo y deja que la curiosidad sea tu brújula.

Amplía tu zona de confort con pequeños pasos: da pequeños pasos fuera de lo que te es familiar para que lo desconocido te resulte menos aterrador. Tal vez sea probar un nuevo hobby, explorar un género musical diferente o unirte a un club o grupo que despierte tu interés.

Adopta una mentalidad de crecimiento: le guste o no a tu cerebro, lo desconocido es donde se produce el crecimiento. Cultiva la creencia de que puedes desarrollar tus capacidades mediante la dedicación y el trabajo duro, y utiliza los retos como oportunidades. Con una mentalidad de crecimiento, siempre saldrás más fuerte y sabio (y tendrás una historia épica que contar).

Encuentra consuelo en el momento presente: a menudo, el miedo a lo desconocido proviene de la preocupación por el futuro. Cambia tu atención hacia el presente y aprovecha al máximo cada momento. Cuando estás plenamente inmerso en el presente, lo desconocido resulta un poco menos desalentador.

RECAPITULANDO: CÓMO CONQUISTAR TUS PEORES MIEDOS COMO UN CAMPEÓN

¿Te preocupa no cumplir las expectativas?

- Establece metas realistas.
- Acepta los errores.
- Desarrolla buenos hábitos de estudio.

¿Te preocupa la ansiedad social?

- Recuerda que la gente no se fija tanto en ti porque tiene sus propios problemas.
- Acepta tu singularidad.
- Desafía los pensamientos negativos.
- Practica la sociabilidad. Sé amable contigo mismo.

¿Tienes miedo al rechazo?

- Sé valiente.
- Aprende de los rechazos.
- Rodéate de apoyo. Mantente fiel a ti mismo.

¿Miedo a las críticas, las habladurías y la vergüenza?

- Acepta las críticas constructivas.
- Céntrate en la autoaceptación.
- Ocúpate de tus asuntos.
- Elige buenos amigos.
- Predica con el ejemplo.
- Abraza al tonto que llevas dentro.
- Reencuadra la vergüenza como crecimiento.

¿Te asusta lo desconocido?

- Acepta la emoción.
- Conquista tu zona de confort dando pequeños pasos.
- Pregúntate a ti mismo: "¿Por qué no?".
- Adopta una mentalidad de crecimiento.
- Encuentra consuelo en el presente.

LA RELACIÓN ENTRE EL MIEDO Y LA DUDA EN UNO MISMO

John, el tenista estrella del colegio, tenía una faceta creativa que solo conocían su familia, sus amigos más íntimos y un profesor de confianza del colegio. El profesor convenció a John de que sus compañeros se animarían a probar cosas nuevas si conocían su pasión. Al final, John aceptó hacer una exposición individual de arte en la exposición anual de manualidades del colegio. Se esforzó al máximo en la creación de sus cuadros y se divirtió muchísimo haciéndolo. Sin embargo, a medida que se acercaba la fecha de la exposición, experimentaba una mezcla de emociones.

La noche anterior a la exposición, John sintió que le invadía el miedo. Le preocupaba lo que sus compañeros pudieran pensar de su arte y si apreciarían su obra. El miedo le hacía temer las críticas y el rechazo. Cuestionaba su capacidad y talento artísticos, se comparaba con artistas más consagrados y se decía a sí mismo que debería dedicarse al tenis. Pero poco después empezó a dudar también de si era suficientemente buen tenista. Se sentía un fraude.

Aunque son diferentes, el miedo y la duda van a menudo de la mano, y pueden interferir realmente en tu confianza y felicidad. Veamos cómo se relacionan.

El miedo puede afectar tu autoestima: puede hacer que te preguntes si eres capaz o lo bastante bueno para afrontar los retos. El molesto duende puede actuar y decir cosas como: "¡No puedes hacer esto, lo vas a estropear!". Cuanto menos creas en ti mismo, más se apoderarán de ti estos sentimientos.

La duda en uno mismo hace que el miedo sea aún más aterrador: cuando ya dudas de ti mismo, el miedo puede parecerte mucho peor. A su vez, el miedo intensifica tus dudas y crea un círculo vicioso que acaba con tu autoestima.

Hace que enfrentarse a la vida sea más difícil: cuando el miedo y la duda sobre uno mismo te golpean, puedes intentar evitar los retos por completo, posponer las cosas o buscar la aprobación constante de los demás para sentirte mejor temporalmente.

El miedo excesivo y la duda en uno mismo son asesinos de la confianza y obstáculos comunes para el éxito en la vida, pero ambos pueden superarse con una mentalidad positiva. Sí, desarrollar una mentalidad positiva es más fácil de decir que de hacer, pero con la práctica deliberada, el cambio se produce mucho más rápido de lo que crees (hablaremos más sobre cómo desarrollar una mentalidad positiva en los capítulos 4 y 5).

RECAPITULANDO: ¿CUÁL ES LA RELACIÓN ENTRE EL MIEDO Y LA DUDA EN UNO MISMO?

El miedo y la duda sobre uno mismo a veces se alían para sabotear tu confianza y felicidad. El miedo te hace dudar de ti mismo, mientras que la duda intensifica el miedo. Cultivando una mentalidad positiva, puedes romper este ciclo y vencer a estos asesinos de la confianza, aumentando con creces tus posibilidades de éxito y felicidad.

EJERCICIOS PARA REDONDEAR EL CAPÍTULO: VENCE AL MIEDO Y LA ANSIEDAD ANTES DE QUE ELLOS TE VENZAN A TI

Paso 1: identifica tus miedos y ansiedades. Tómate unos minutos para reflexionar sobre tus propios miedos y ansiedades. Escribe al menos tres miedos o situaciones concretas que te generen ansiedad. Pueden estar relacionados con la escuela, las interacciones sociales, los objetivos personales o cualquier otra cosa que se te ocurra.

Paso 2: piensa de dónde vienen. Intenta identificar la raíz de los miedos y ansiedades que has enumerado. ¿Tienes miedo a fracasar o a que te juzguen? ¿Te da escalofríos la idea del rechazo? ¿O tal vez odias pensar en lo desconocido?

Sea lo que sea, entender por qué estas cosas te molestan tanto puede darte un nuevo punto de vista. Puede que te des cuenta de que tienen su origen en un simple incidente que ocurrió hace una eternidad. Incluso puede que descubras que te has estado alimentando a ti mismo con un montón de mentiras sobre una serie de televisión o una película que has visto recientemente.

Este paso puede ayudarte a ver la verdad detrás de muchas cosas que crees que son amenazas o problemas reales. Pero si después no te sientes mejor, o si solo has conseguido quitarte uno o dos miedos de encima, pasa al siguiente paso.

Paso 3: Pregúntate a ti mismo: "¿Qué es lo absolutamente peor que puede ocurrir si este miedo se hace realidad?". Puede que tu miedo tenga una posibilidad REAL de hacerse realidad. En ese caso, imagina por un momento que ocurriría. En un momento todo va bien y, de repente, eso que tanto temías se hace realidad. Tu mejor amigo te ha rechazado, toda la clase se ríe de ti, no te han elegido para el equipo después de todo tu esfuerzo (piensa en los miedos de tu lista).

Ahora, pregúntate: "¿Qué es lo peor que puede pasar ahora que mi miedo se ha hecho realidad?". Anota los posibles resultados.

Si tu mejor amigo te ha rechazado, puede que algunas personas hablen y se queden mirando. Puede que tu examigo empiece a difundir rumores sobre ti.

Si pasas vergüenza delante de toda la clase, puede que se te quede grabada durante un tiempo. Los matones pueden burlarse de ti, o la historia puede extenderse como un reguero de pólvora al resto de la escuela.

Respira hondo y analiza bien esas posibilidades. Deja que se asimilen. Imagina que es tan real como podría llegar a serlo.

Ahora, di esto en voz alta: "Acepto que estas cosas podrían ocurrir, y si ocurren, sobreviviré. Estaré preparado. Pero nunca permitiré que me derroten. Nunca".

Verás, cuando imaginas el peor resultado y lo aceptas en tu mente antes incluso de que ocurra, sucede algo alucinante. En primer lugar, la idea de que ocurra ya no te asusta tanto y, en segundo lugar, en el caso muy, muy, muy (¡muy!) raro de que ocurra realmente, no te va a desviar ni un milímetro de tu camino. Te levantarás corriendo desde cualquier altura o ángulo desde el que caigas y seguirás adelante con una confianza digna de envidia.

PERO... esto no es el final de la historia. Tienes el poder de minimizar las posibilidades de los peores escenarios a casi cero. Veamos cómo.

Paso 4: Crea un plan de acción para acabar con el miedo. Ya sabes a qué tienes miedo y de dónde viene. Ahora es el momento de (1) pensar en lo que puedes hacer para evitar que ocurra y (2) pensar en tu plan de acción en caso de que ocurra.

Elabora un plan preventivo:

No hay una fórmula fija a seguir porque cada miedo es único. Tu misión es analizar cada miedo en sí mismo y luego pensar en formas de evitar que ocurra.

Por ejemplo, si temes ser rechazado por tu mejor amigo, probablemente necesites tener una conversación sincera en el espejo. ¿Por qué te rechazaría? ¿Espera que hagas cosas con las que no te sientes cómodo? ¿Su amistad depende de que hagas esas cosas? Y si es así, ¿es realmente tu amigo o quizás no lo es? Por otro lado, si sabes que su amistad es sólida, quizás deberías tener una charla con tu amigo. Cuéntale que tienes la loca idea en la cabeza de que esto puede ocurrir, por qué te da miedo y cuáles crees que podrían ser las consecuencias. Probablemente tu amigo pueda hacer un excelente trabajo ayudándote a acabar con ese miedo.

Elabora un plan para casos de emergencia:

Si tu miedo se hace realidad, ¿cuáles son los siguientes pasos que darás? Por ejemplo, si tienes miedo de pasar vergüenza delante de la clase, piensa en cómo puedes invertir la situación a tu favor en caso de que ocurra. Tal vez debas ser tú quien haga la primera broma. Tal vez entrena tu mente para no reaccionar de una forma que te haga parecer herido y humillado: si los acosadores no ven que te están tocando los nervios, les quitas toda la munición.

Paso 5: Inmortaliza tus progresos. Lleva un diario de confianza en el que registres cómo vas superando tus miedos y ansiedades. Escribe acerca de tus éxitos Y de tus reveses, así como las lecciones que aprendes por el camino. Por último, consulta tus anotaciones a menudo para recordar tu crecimiento y resiliencia.

Ahora que sabes lo que es la duda sobre uno mismo, cómo se relaciona con el miedo y cómo superarla, empezarás a transmitir vibraciones de confianza como nunca antes.

Pero aún hay más confianza que ganar y más diversión que disfrutar. En el siguiente capítulo aprenderás qué es el autoconocimiento, por qué es importante y cómo cultivar una mentalidad positiva imparable.

EL PODER DE UNA VOZ

"Cuando tienes confianza, puedes divertirte mucho. Y, cuando te diviertes, puedes hacer cosas increíbles".

JOE NAMATH

¿Recuerdas la historia que te conté en la introducción sobre el anciano del banco? Recuerdo ese momento años y años después, y toda la interacción no pudo durar más de unos cinco minutos.

Que un completo desconocido compartiera conmigo su sabiduría tuvo un gran impacto en mí. Es cierto que me quedaba mucho por aprender para ganar esa confianza de la que hablaba, pero esa pequeña conversación se alojó en el fondo de mi mente y me impulsó en mi camino para encontrarla.

Una voz puede marcar una gran diferencia, y esa es la razón por la que me hice profesora. Sabía que podía ayudar y he comprobado que es cierto, sobre todo porque mis alumnos han ganado confianza en sí mismos. De hecho, si soy sincera, lo que más me satisface de saber que he tenido un impacto es ver cómo aumenta su confianza, más que los conocimientos de la asignatura que enseño.

Pero no hace falta ser profesor para influir de esta manera. Unas pocas frases tuyas pueden tener un poder enorme, como las que pronunció el hombre que conocí en el parque.

Puedes ayudar a alguien como tú en su propio viaje para aumentar su confianza y reafirmar su verdadera personalidad simplemente orientándole en la dirección de este libro... y eso se puede hacer sin ni siquiera salir de la comodidad de tu propia habitación.

Al dejar una reseña de este libro en Amazon, mostrarás a otros jóvenes que también hay esperanza para ellos, y les indicarás la dirección de la guía que les ayudará a convertirse en las personas seguras de sí mismas que anhelan ser.

Simplemente haciendo saber a otros lectores cómo te ha ayudado este libro y lo que encontrarán en su interior, no solo les mostrarás que es posible aumentar su confianza en sí mismos, sino que los llevarás directamente al recurso que les ayudará a conseguirlo.

Gracias por tu apoyo. Todas las voces cuentan, incluida la tuya.

CAPÍTULO 4
CÓMO TOMAR CONCIENCIA DE UNO MISMO

"Observa hacia afuera y te verás a ti mismo. Mira hacia adentro y te encontrarás a ti mismo".

DREW GERALD

Querido diario,

¡Hoy fue alucinante! Conocí a un chico llamado Bailey. Allí estaba yo, ocupándome de mis asuntos, cuando lo vi muy deprimido. No sé qué me pasó, pero me acerqué a él y le pregunté si necesitaba compañía.

Escuchar la historia de Bailey fue como mirarme en un espejo. Las cosas que contaba eran extrañamente parecidas a mis propias luchas, ¿sabes? Pero aquí está la parte loca: solo por estar allí para él, descubrí una fuerza oculta dentro de mí. Soy buena escuchando. Quién lo diría, ¿verdad? Y ver el alivio y la gratitud de Bailey fue increíble. La amabilidad llega tan lejos... Pero creo que no se trata solo de ayudar a los demás, sino de aprender sobre uno mismo.

¡Hasta la próxima!

¿QUÉ ES LA AUTOCONCIENCIA?

Ser consciente de uno mismo significa comprender muy bien tus propias acciones, pensamientos y sentimientos. Es la asombrosa capacidad de mirarte a ti mismo objetivamente y desde una perspectiva diferente.

Hay dos tipos de autoconciencia: una se refiere a cómo te ves ante los demás (autoconciencia pública) y la otra a la comprensión de tus pensamientos y emociones interiores (autoconciencia privada).

Ser consciente de uno mismo ayuda de muchas maneras, por ejemplo:

- Te da poder para influir en los resultados de tu vida.
- Sabes lo que te conviene y tomas mejores decisiones.
- Te comunicas con claridad y confianza.
- Tienes una mente abierta y comprendes diferentes puntos de vista.
- Actúas con justicia y comprensión porque evitas hacer suposiciones.
- Estableces mejores relaciones porque comprendes mejor los sentimientos de los demás.
- Manejas mejor tus emociones.

Esta es la parte interesante: la autoconciencia no es algo estático con lo que todos nacemos. Al igual que ocurre con la confianza en uno mismo, puedes ser más consciente de ti mismo y, en este capítulo, hablaremos de cómo puedes ser más consciente de ti mismo y por qué es importante.

LA RELACIÓN ENTRE AUTOCONCIENCIA Y AUTOCONFIANZA

Para apreciar realmente la relación entre autoconciencia y autoconfianza, volvamos a la definición de confianza:

Confianza significa creer en tus capacidades y aceptar tu individualidad. Cuando tienes confianza en ti mismo, actúas de acuerdo con tus convicciones y sigues adelante cuando las cosas se ponen difíciles, pase lo que pase. Para tener confianza en ti mismo, tienes que practicar una mentalidad de autoconfianza todos los días (¡CATPE!).

Ahora, imagina que no te conoces a ti mismo. No estás seguro de en qué crees y no puedes precisar en qué eres bueno. Si la confianza significa creer en ti mismo y en tus capacidades, pero no sabes cuáles son, ¿cómo podrías desarrollar más confianza?

Ahí es donde entra en juego el conocimiento de uno mismo. Es la salsa secreta que necesitas para alimentar tu confianza.

¿Has visto alguna vez a esos atletas increíbles que destacan en su deporte? Conocen su cuerpo de pies a cabeza perfectamente. Conocen sus puntos fuertes, como la velocidad o la precisión, pero también sus puntos débiles, como no ser el jugador más alto del campo. Con toda esa información privilegiada, esos deportistas pueden aprovechar sus puntos fuertes y elaborar estrategias en función de sus limitaciones.

¡Esto es el autoconocimiento en acción!

Es como tener tu propio manual de usuario que te da un resumen de tus puntos fuertes, tus debilidades, tus pasiones y tus valores. Por no hablar de lo que te hace vibrar, lo que te hace sentir vivo y lo que te hace sentir que estás en el punto ideal. ¿Cómo no vas a sentirte seguro de ti mismo si sabes tanto sobre ti?

Y, cuando te conoces bien, naturalmente te quieres más, con tus defectos y todo. En última instancia, el autoconocimiento te convierte en una fuerza a tener en cuenta. Irradias confianza porque sabes quién eres, lo que representas y hacia dónde te diriges.

Cómo el autoconocimiento genera confianza

Cuando sabes en qué eres bueno y en qué puedes mejorar, puedes tomar decisiones más inteligentes y fijarte objetivos realistas. Cuando los alcances, te verás recompensado con una confianza increíble.

Cuando eres consciente de ti mismo, también estás más en sintonía con tus valores, pasiones y creencias. Sabes lo que de verdad te importa, lo que enciende tu alma y lo que te hace único. Este profundo conocimiento de ti mismo te da un sentido de propósito y dirección, lo que te convierte en un ser humano más seguro de sí mismo.

El autoconocimiento también consiste en reconocer tus peculiaridades, inseguridades y áreas en las que puedes crecer. Todos los tenemos, créeme. Ser consciente de tus puntos débiles te da ventaja, porque puedes idear estrategias para superarlos y evitar situaciones incómodas.

El conocimiento de ti mismo te da el poder de decir sí o no a nuevas experiencias en tus propios términos. Puedes tomar decisiones que estén en consonancia con tus valores y mantenerte fiel a ti mismo, al tiempo que eres consciente de cómo tus decisiones y acciones afectan a los que te rodean.

RECAPITULANDO:

¿QUÉ ES EL AUTOCONOCIMIENTO Y POR QUÉ ES IMPORTANTE?

· · ·

Ser consciente de uno mismo significa conocerse por dentro. Es como tener un espejo que te muestra exactamente quién eres. El autoconocimiento es importante porque es el secreto de la confianza, y no puedes tener confianza en ti mismo si no te conoces.

AUTORREFLEXIÓN Y ATENCIÓN PLENA: EL MEJOR MAPA PARA EL AUTOCONOCIMIENTO

¿Qué es la autorreflexión?

Es un día fantástico y soleado, y la clase de matemáticas está animada. Rudy acaba de responder a una pregunta del profesor, y ahora es el turno de Callie. Ella se equivoca, pero el profesor vuelve a explicarle pacientemente la ecuación y le pide a Callie que lo intente de nuevo. De repente, Callie se viene abajo. Le grita al profesor, cierra el libro de un portazo y sale de la clase dejando a todos perplejos.

¿Has visto o vivido alguna vez una situación similar? Lo que le pasó a Callie no es raro. De hecho, incluso los adultos pueden tener crisis así. Aunque el ajetreo diario de la vida nos afecta a todos, aquí hay algo más profundo que tiene que ver con lo bien que Callie se conoce a sí misma. Ella podría reflexionar más tarde y hacerse preguntas como:

- *¿Por qué reaccioné así?*
- *¿Qué pensamientos y emociones desencadenaron mi arrebato?*
- *¿Qué podría haber hecho de otra manera?*

Eso se llama autorreflexión. Ahora, puede que Callie no obtenga las respuestas de inmediato, pero esta autorreflexión es un primer paso muy importante hacia el desarrollo de su autoconciencia. Si lo hace con regularidad, pronto se entenderá mejor a sí misma y sabrá por qué hace lo que hace, lo que le permitirá reflexionar antes de reaccionar precipitadamente en el futuro.

Cuando reflexionas sobre ti mismo, exploras las capas ocultas de tu interior que influyen en tus elecciones y comportamientos. Te permite averiguar qué está pasando dentro de tu mente y tu corazón. Es como ser tu propio investigador, al estilo de Sherlock Holmes, pero sin sombrero ni lupa.

Sin embargo, no siempre es fácil reflexionar sobre uno mismo. Vivimos en un mundo loco y acelerado, lleno de distracciones como las redes sociales y Netflix. Pero dedicarte un tiempo a ti mismo, lejos del zumbido de los teléfonos y de los programas que merecen ser vistos, vale la pena porque la autorreflexión es una poderosa herramienta de crecimiento personal. Te ayuda a responder mejor en situaciones difíciles.

¿Recuerdas aquella vez que discutiste acaloradamente con tu mejor amigo? Pues bien, la autorreflexión te da la oportunidad de pensar antes de hablar en lugar de soltar palabras hirientes. Puede ayudarte a tomar mejores decisiones y a construir relaciones más sanas.

La próxima vez que te encuentres en una situación complicada o te sientas confuso con tus emociones, intenta reflexionar. Es como quitarle las capas a una cebolla (sin lágrimas, espero) y descubrir la joya que realmente eres. Tómate un momento para hacer una pausa, plantearte algunas preguntas y profundizar un poco más. Puede que encuentres la claridad que estabas buscando.

Los beneficios de la autorreflexión

Te conoces mejor

La autorreflexión te ayuda a comprender tus valores fundamentales, que son como tus principios rectores personales. Conocer tus valores puede facilitarte mucho las decisiones en la vida, porque tendrás una idea clara de lo que realmente te importa.

Descubres tu potencial

La autorreflexión es una forma poderosa de descubrir tus talentos especiales y conocer tu propósito en la vida, de modo que puedas utilizarlo para tener un impacto positivo en el mundo. También te da la oportunidad de conocer mejor tus puntos fuertes y débiles, lo cual es muy importante para saber en qué áreas eres realmente bueno y dónde puedes mejorar.

La autorreflexión te convierte en un pensador integral

En lugar de quedarte atrapado en las pequeñas cosas, serás capaz de ver el gran esquema de las cosas. Es como ponerse unas gafas especiales que te permiten ver más allá de lo mundano y lo extraordinario. Contemplar el panorama general pone la vida en perspectiva y facilita la gestión de los retos, la comprensión de distintos puntos de vista y la toma de decisiones más acertadas.

Te enfrentas a tus miedos

Todos tenemos cosas que nos asustan, pero cuando te tomas tiempo para reflexionar sobre tus miedos, te das cuenta de que no son tan malos como parecen. Es como iluminar con una linterna esos rincones oscuros y descubrir que no hay nada que temer. La autorreflexión te hace más valiente y resiliente.

Creas vínculos más profundos

La autorreflexión es fantástica para desarrollar habilidades interpersonales. Cuando te conoces mejor, tiendes a conectar con la gente a un nivel más profundo, tienes mayor empatía y puedes provocar un sentimiento de aprecio por lo que realmente eres. Esto se debe a que la mayoría de la gente simplemente gravita hacia la autenticidad.

Tienes buena onda y descansas bien

La autorreflexión puede ayudarte a mantener la calma y a manejar situaciones difíciles sin ponerte ansioso o estresado. Cada vez que reflexionas sobre ti mismo, vislumbras lo que desencadena tus emociones y obtienes información sobre cómo actuar de forma diferente si surge un conflicto o sucede algo potencialmente estresante. Tu subconsciente toma nota de tus descubrimientos y, llegado el momento, te guía para que reacciones con calma. Y si practicas un poco la autorreflexión antes de acostarte, te ayudará a despejar tu mente para que puedas disfrutar de un gran descanso nocturno.

Recuerda que la autorreflexión no consiste en ser duro con uno mismo ni en quedarse atrapado en un bucle de autocrítica. Se trata de aceptarte y quererte, con todos tus defectos. Es como darte un abrazo de oso y decirte: "Oye, soy fabuloso tal y como soy".

RECAPITULANDO: QUÉ ES LA AUTORREFLEXIÓN

La autorreflexión es como ser tu propio detective, explorar tus pensamientos y emociones para comprenderte mejor. Te ayuda a tomar mejores decisiones, a establecer relaciones más sanas y a liberar tu potencial. Por encima de todo, la autorreflexión consiste en aceptar y amar todo lo que te hace ser tú mismo.

¿Qué es la atención plena?

La atención plena es la capacidad de entrar en un estado de relajación máxima dejándose llevar y disfrutando al máximo del momento presente. Es un momento de felicidad en el que te liberas de pensar demasiado en todo.

Esto es lo que pasa: Todos tendemos a desconectar y a perdernos en nuestros propios pensamientos, ¿verdad? Es totalmente normal, sin embargo, a veces nos hace sentir ansiosos y desconectados...

¿Qué pasaría con esto?

¿Qué pasará con aquello?

¿Y si...?

Ya sabes cómo funciona. Por suerte, existe la atención plena. Es una forma muy eficaz de volver a la realidad para mantener la calma y la serenidad. Puedes probar todo tipo de formas de practicar la atención plena, como sesiones de meditación, paseos o incluso combinarla con actividades que te gusten, como el yoga o el deporte.

Adoptar la atención plena es como decirle "paz" al estrés, y tiene sus ventajas:

- Puede mejorar tu rendimiento en todos los ámbitos de la vida.
- Podrás cultivar mejor la autoconciencia y conocerte mejor a ti mismo.
- Y estarás más atento al bienestar de tu familia, amigos y compañeros.

Pero la atención plena no es solo sentarse con las piernas cruzadas y cantar "om". Es todo un estilo de vida. Se trata de ser muy consciente de todo lo que haces, desde lavarte los dientes hasta tratar con tu hermano o hermana pequeños.

¿Por qué es tan importante la atención plena? Te preguntarás. ¡Averigüémoslo!

Los beneficios de la atención plena

Magia antiestrés

La atención plena es como un escudo antiestrés. Te ayuda a sentirte más relajado, incluso cuando las cosas se ponen intensas. Aprenderás a manejar bien el estrés y aumentarás tu bienestar general.

Potenciador de la felicidad

¿Te sientes mal? La atención plena puede ayudarte a transformar esa sensación de abatimiento en felicidad, como una poción de felicidad para tu cerebro. Las investigaciones demuestran que la atención plena puede reducir la ansiedad y la depresión, mejorar el estado de ánimo y hacer que te sientas más tranquilo y lúcido.

Activa la concentración

¿Alguna vez se te ha ido la cabeza como un gato travieso? Pues bien, la atención plena puede amaestrarla reforzando tus habilidades de concentración y atención. Serás la envidia de tus compañeros gracias a tu rapidez mental (por no hablar de todos los exámenes que aprobarás).

Mejor regulación emocional

La atención plena te da el poder de manejar tus emociones como un profesional, haciéndote sentir más equilibrado y en control.

Condición física y mental

La práctica de la atención plena puede ayudar a reducir la presión arterial, aliviar incomodidades, mejorar la calidad del sueño e incluso reforzar el sistema inmunitario. Además, la alimentación consciente puede ayudarte a elegir alimentos más sanos y a mantener un físico saludable.

Autoconocimiento

La atención plena te ayuda a ser más consciente de ti mismo, de tus pensamientos y de tus sentimientos. Comprenderás mejor quién eres y aprenderás a quererte tal y como eres. Eres increíble, recuérdalo.

Flexibilidad cerebral

La atención plena proporciona a tu cerebro una gran flexibilidad, es algo así como el yoga para tu mente. Te convertirás en un maestro de la adaptabilidad, la resolución creativa de problemas y la toma de decisiones inteligentes.

RECAPITULANDO: QUÉ ES LA ATENCIÓN PLENA

La atención plena es el estado definitivo de relajación que te ayuda a estar presente y sin estrés. Es una habilidad que puedes desarrollar mediante técnicas muy sencillas que mejoran todos los aspectos de tu vida. Una vida consciente reduce el estrés, aumenta la felicidad, mejora la concentración y el control emocional. Beneficia a la mente y al cuerpo, fomenta el autodescubrimiento, potencia las relaciones y entrena el cerebro para ser flexible.

Ahora que ya conoces la teoría del autoconocimiento, es hora de pasar a la práctica. Dirígete al capítulo 5 para aprender algunas técnicas divertidas.

CAPÍTULO 5
ESTRATEGIAS A PRUEBA DE TONTOS PARA CULTIVAR EL AUTOCONOCIMIENTO

"¡Claro que hablo conmigo mismo! A veces necesito el consejo de un experto".

ANÓNIMO

EJERCICIOS DE AUTOCONOCIMIENTO

Siente curiosidad por ti mismo

Cultivar el conocimiento de uno mismo es como embarcarse en un viaje épico de autoexploración. Imagina tu mente y tu corazón como un territorio desconocido, esperando a que pongas un pie en sus senderos inexplorados.

Antes de acostarte cada noche, dedica un momento a reflexionar sobre tus pensamientos, sentimientos y acciones del día. La idea es reflexionar, así que no te enredes en analizarte en exceso ni en hablar negativamente de ti mismo. Piensa en ello como si mantuvieras una conversación sin prejuicios con un amigo íntimo y le hicieras preguntas que puedan develar los secretos de tu mundo interior. Aquí tienes algunas ideas:

1. ¿Cuáles han sido los mejores momentos de mi día? ¿Qué me hizo sentir feliz, orgulloso o realizado?
2. ¿He afrontado algún reto o contratiempo hoy? ¿Cómo los manejé y qué puedo aprender de esas experiencias?
3. ¿He sido amable o he ayudado a alguien hoy? ¿Cómo me he sentido?
4. ¿He participado en actividades o aficiones que me han aportado alegría o relajación? ¿Cómo han contribuido a mi bienestar general?
5. ¿Gestioné mi tiempo de forma eficaz y prioricé mis tareas? ¿Hubo áreas en las que podría mejorar mi productividad?
6. ¿Me comuniqué y conecté con mis amigos, familiares o compañeros? ¿Fui positivo? ¿Escuché activamente y me expresé con sinceridad?
7. ¿Hoy he cuidado de mi salud física? ¿He comido alimentos nutritivos, he practicado actividad física o he descansado lo suficiente?
8. ¿Hoy he aprendido algo nuevo? ¿Qué conocimientos o habilidades he adquirido?
9. ¿He practicado hoy la gratitud? ¿Por qué estoy agradecido en mi vida en este momento?
10. ¿Qué podría haber hecho hoy de forma diferente para hacerlo mejor? ¿Cómo puedo aplicar estas ideas a mi vida mañana?

Recuerda que el autodescubrimiento no es un hecho aislado, sino una búsqueda que dura toda la vida. A medida que crezcas y te desenvuelvas por los vericuetos de la vida, mantén la curiosidad y sigue explorando tus pasiones, tus puntos fuertes y tus valores. Mantente abierto a probar cosas nuevas y a aprender de tus experiencias.

Acepta tus imperfecciones

Tus defectos y peculiaridades te convierten en una persona única e interesante. Así que no seas tan duro contigo mismo. Todos metemos la pata a veces. Forma parte del ser humano. Esas meteduras de pata son peldaños en tu camino para ser más consciente de ti mismo.

¿Recuerdas aquella vez que tropezaste con tus propios pies delante de la persona que te gustaba? Sí, fue vergonzoso, pero no es el fin del mundo. En lugar de castigarte por ello, intenta aceptar la hilaridad de la situación. Ríete. Créeme, reírte de tus propias meteduras de pata es excelente para tu confianza. Además, puede que la persona que te gusta encuentre muy atractiva tu capacidad para reírte de ti mismo.

Si te gustan los cómics, te encantan los juegos de palabras o tienes un talento asombroso para imitar sonidos de animales, eso es lo que te diferencia de los demás. Tus rarezas son el condimento que hace que la vida sea interesante, ¡así que aduéñate de ellas con orgullo!

Ahora hablemos de esos exámenes que no salieron como habías planeado. Créeme, hasta tus padres han pasado por lo mismo. Es fácil desanimarse cuando no se aprueba algo para lo que se ha trabajado duro. Pero el éxito no es lineal ni consiste en ganar siempre. También se trata de mostrar resiliencia y tener verdadero carácter cuando las cosas no salen como uno quiere.

¿Conoces el dicho sobre ser un mal perdedor? No lo seas.

Cuando cometas un error o no saques la nota que querías, respira hondo y piensa qué puedes aprender de la experiencia, y hazlo con una sonrisa. Quizá necesites estudiar con más eficacia, aprender a pedir ayuda de vez en cuando o simplemente darte un respiro cuando te sientas abrumado. Abrazar la imperfección significa aceptar la derrota y estar abierto a mejorar al mismo tiempo. Así es como descubres tus puntos fuertes.

Tómate un tiempo frente al espejo

Esta estrategia no consiste en perfeccionar tus selfies o practicar una mirada ardiente (aunque eso también puede ser divertido). Se trata más bien de una actividad para conocerte mejor a ti mismo.

Aquí te explico cómo hacerlo:

Paso 1: elige una zona tranquila y privada donde te sientas cómodo y puedas pasar tiempo frente a un espejo sin interrupciones. Asegúrate de tener acceso a un espejo o a la cámara frontal del teléfono (preferiblemente un espejo, para que las notificaciones del teléfono no te distraigan).

Paso 2: programa un temporizador de cinco minutos y prométete a ti mismo que permanecerás concentrado en la actividad hasta que se acabe el tiempo, y luego colócate en una posición relajada y cómoda frente al espejo.

Paso 3: empieza observando los sutiles matices de tus expresiones faciales. Fíjate en los movimientos de las cejas, los labios y los ojos. Presta atención a las emociones que surgen y parpadean en tu rostro. Fíjate si puedes detectar los cambios en los rasgos faciales que reflejan felicidad, tristeza, excitación u otras emociones. Mantente presente y permítete experimentar y reconocer estas emociones sin juzgarlas. Reflexiona sobre los patrones que observas en tus reacciones, expresiones faciales y lenguaje corporal. ¿Hay ciertos desencadenantes que evocan constantemente emociones específicas? ¿Notas alguna respuesta o gesto habitual? Piensa en cómo pueden influir estos patrones en tus experiencias cotidianas y en tus interacciones con los demás. A continuación, céntrate en tu lenguaje corporal. Observa cómo te sostienes, la tensión o relajación de tus músculos y los gestos que haces.

Paso 4: una vez transcurridos los cinco minutos, reflexiona sobre las ideas o pensamientos significativos que hayan surgido durante la actividad (mejor aún, escríbelas en algún sitio). Piensa en cómo este nuevo conocimiento de ti mismo puede ayudarte a desenvolverte en la vida y establece la intención de trasladarlo a tu vida diaria.

¿Por qué es importante esta actividad?

La hora del espejo es una oportunidad para profundizar en la conexión contigo mismo. Acepta la vulnerabilidad y el desorden de ser humano. Acepta la idea de que mereces tu propio tiempo, atención y amor. Al observar tus reacciones y emociones, sintonizas mejor con tu estado interior. Puedes reconocer patrones y entender lo que te mueve. Es como abrir un tesoro de autoconocimiento.

Cuando sabes qué desencadena determinadas emociones o cómo tu lenguaje corporal refleja tu estado de ánimo, te conviertes en dueño de tu propio destino. Ya no estás a merced de emociones aleatorias o de esas reacciones instintivas y puedes enfrentarte a la vida con intención y gracia.

El tiempo frente al espejo puede sonar raro, pero funciona. Cuanto más te conectes contigo mismo, más entenderás las razones de tu comportamiento, te sentirás capacitado para cambiar las cosas que no te gustan de ti mismo y abrazarás el hermoso desorden de ser humano.

Escribe un diario

Te sorprenderá lo que ocurre cuando pones el bolígrafo sobre el papel (o los dedos sobre el teclado). Anotar tus emociones y pensamientos puede aportarte mucha claridad y perspicacia. Te permite darte cuenta de las pautas, los desencadenantes y las cosas que hacen que tu corazón cante o te hierva la sangre. Es como iluminar tu mundo interior y decir: "¡Eh, puedo verlas, emociones, y estoy dispuesto a entenderlas mejor!".

Tanto si te encuentras en una situación delicada como si te enfrentas a una montaña mental que necesitas conquistar, tu diario puede ser un confidente de confianza. Llevar un diario no solo te ofrece un lugar donde desahogarte, sino que también te sirve como máquina del tiempo. En serio, cuando repases tus entradas anteriores, verás lo mucho que has crecido y evolucionado a pesar de los obstáculos.

Sin embargo, llevar un diario no solo sirve para plasmar las cosas difíciles. También es un lugar para celebrar los pequeños triunfos, los momentos felices y la belleza de la vida cotidiana. Escribe sobre las cosas que te iluminan, los sueños que persigues y las experiencias que hacen bailar de felicidad a tu corazón.

Tu diario es tu espacio sagrado para desentrañar los misterios de tu mente y tu corazón, así que deja que tus pensamientos bailen por esas páginas. Explora tu paisaje interior, descubre tus puntos fuertes y acepta tus puntos débiles. Es una gran herramienta de autoconocimiento, crecimiento y autoaceptación. Sobre todo, recuerda que escribir un diario es un viaje personal. No hay reglas ni juicios: solo estás tú y las páginas en blanco esperando a ser llenadas.

Relaciónate con personas reales

Los comentarios personales tienen un límite, por lo que es muy importante pasar tiempo con personas reales en la búsqueda de un mejor conocimiento de uno mismo. Y no, las interacciones digitales por sí solas no bastan. Pasar demasiado tiempo conectado puede hacer que te sientas desconectado del mundo real y que te pierdas cosas pequeñas pero importantes que ocurren a tu alrededor, como la alegría de un buen abrazo o el placer de una broma compartida. Además, no sabrás si hay un cómico secreto o un gurú de la motivación viviendo dentro de ti si no te relacionas con otros cara a cara.

Cuando te relacionas con otros en persona, puedes compartir experiencias auténticas, mantener conversaciones profundas y escuchar de verdad lo que los demás tienen para decir. Hay algo especial en poder ver las expresiones faciales de alguien, oír el tono de su voz y sentir su energía. Añade una capa extra de conexión que los emojis y los GIFs no pueden reproducir.

Cuando pasas tiempo con otras personas, sus comentarios pueden ayudarte a conocerte mejor a ti mismo. Pueden revelarte cosas que quizá no hubieras descubierto por ti mismo. Además, no hay nada comparable a los momentos sinceros con tu tribu. Esos son los recuerdos que atesorarás y las historias que contarás a tus nietos algún día (o quizá a tu asistente holográfico en el futuro, ¿quién sabe?).

Aléjate del mundo virtual de vez en cuando y sumérgete en la riqueza de la conexión humana. No querrás perderte la magia de las relaciones en la vida real.

EJERCICIOS DE ATENCIÓN PLENA

Respiración consciente

Busca un lugar acogedor donde puedas relajarte sin interrupciones durante al menos cinco minutos. Puede que sea el rincón favorito de tu habitación o ese sillón tan cómodo. Cierra los ojos y tómate un momento para relajarte. Concéntrate en tu respiración, ese ritmo mágico de la vida que entra y sale de ti. Fíjate en el aire que entra por tus fosas nasales, quizá incluso sientas cómo te hace cosquillas en los pelos de la nariz.

Inspira en... 1... 2... 3.

Deja que el aire llene tus pulmones, como si estuvieras recibiendo todas las buenas vibraciones del universo.

Exhala en... 1... 2... 3.

Al exhalar, suelta cualquier tensión muscular o estrés mental. Siente cómo la calma te invade como una ola que acaricia suavemente la orilla.

Sigue concentrándote en la respiración.

Inhala e imagina que toda la positividad y la confianza entran en tu cuerpo.

Exhala y deja ir cualquier duda o negatividad que pueda estar frenándote.

La respiración consciente proporciona a tu cerebro un tratamiento de spa súper relajante, mimándolo con pensamientos de paz y tranquilidad. Notarás cómo el estrés desaparece y te sientes renovado y con los pies en la tierra.

Recuerda que la atención plena consiste en estar totalmente presente en el momento. Así que, cuando te sientas abrumado o necesites una inyección de confianza, deja lo que estés haciendo y tómate cinco minutos para sintonizar con tu respiración. Es como pulsar el botón de reinicio y darte espacio para recargarte y abrazar tu fuerza interior.

Incluso si estás en medio de algo y no puedes escaparte, puedes utilizar este ejercicio para calmar los nervios allí mismo. Créeme, ¡es así de poderoso! Concéntrate en tu respiración con inhalaciones y exhalaciones profundas hasta que toda tu concentración se desplace a la respiración, y luego vuelve a la tarea que tienes entre manos con una concentración renovada.

Alimentación consciente

Ha llegado el momento de llevar tus bocadillos a otro nivel. Así que toma un bocado sabroso, ya sea una jugosa pieza de fruta o una deliciosa galleta salada, y ¡manos a la obra!

Busca un lugar acogedor en tu cocina (o donde te sientas más cómodo). Antes de darte un capricho, observa bien tu bocadillo. Aparta todos los pensamientos de tu mente hasta que tu única preocupación sea esa cosa deliciosa que tienes en la mano. Observa sus colores, su forma y cómo llama a tus papilas gustativas.

Acércate el aperitivo a la nariz e inspira profundamente. ¿Puedes oler ese aroma que te hace agua a la boca? Deja que los olores despierten tus sentidos y aumenten la expectación. Es como el preludio de la sinfonía de sabores que está a punto de comenzar.

Finalmente, da el primer bocado.

Pero ¡espera! No te precipites.

Tómate tu tiempo para sentir la textura del aperitivo en los labios y la lengua. ¿Es suave, crujiente o quizás un poco de ambas cosas? Mientras masticas, presta atención a cómo se siente en la boca. ¿Es blando y jugoso, o tiene un crujido satisfactorio? Fíjate en los sabores que activan tus papilas gustativas. ¿Dulce, ácido, salado o una deliciosa combinación de todos ellos? Que cada bocado sea un momento de pura felicidad culinaria.

Mastica despacio. Siente cómo la comida nutre tu cuerpo. Estate plenamente presente en este momento, libre de toda distracción. Saborea lo delicioso. Sumérgete en la experiencia con cada bocado. Observa cómo evolucionan los sabores y cómo aumenta tu placer.

Comer con atención no es solo alimentar el cuerpo. Se trata de alimentar el alma. Se trata de celebrar los placeres sencillos de la vida, aunque solo sea un bocadillo en tu cocina. Tómate un momento para apreciar la experiencia y el alimento que le has dado a tu cuerpo. Acabas de transformar el picoteo en una forma de arte.

Caminata al estilo zen

Aunque en este ejercicio te moverás, el entrenamiento tiene más que ver con tu mente que con tu cuerpo, así que da un paseo lento durante al menos 15 minutos y sintoniza con el momento presente. Observa la sensación del suelo bajo tus pies, ya sea la suavidad de la hierba, el pavimento bajo tus suelas o el crujido de las hojas (lo notarás aunque lleves zapatos). Trata cada paso como un suave recordatorio para mantener los pies en la tierra y conectar con el aquí y el ahora.

A medida que avances, amplía tus sentidos desde el suelo hasta el mundo que te rodea. Escucha la sinfonía de la naturaleza: el susurro de las hojas en la brisa, el piar de los pájaros o el zumbido lejano del tráfico. Deja que estos sonidos se conviertan en la banda sonora de tu viaje, pero no dejes que tus pensamientos divaguen: concéntrate en las vistas, los olores y los sonidos que te rodean. Fíjate en los intrincados detalles de los vibrantes colores de las flores, los dibujos de la corteza de los árboles, los grafitis de las paredes o la forma en que la luz del sol baila sobre y a través de las distintas superficies. ¡Es como descubrir un universo nuevo en tu propio barrio!

Disfruta de cada momento de tu paseo con plena conciencia. Siente la suave brisa en tu piel, saborea el aire fresco que llena tus pulmones y percibe los aromas de la naturaleza. Deja que despierte tus sentidos y te recuerde la belleza que te rodea. Y, oye, mantén los ojos bien abiertos por si hay sorpresas inesperadas. Quién sabe, a lo mejor ves una ardilla bailando una danza extraña o una mariposa revoloteando graciosamente.

Caminar puede ser mucho más que ir del punto A al punto B. Es una oportunidad para abrazar el mundo que te rodea, estar plenamente presente en cada paso y descubrir la belleza de las cosas ordinarias. Cuando llegues al final de tu paseo, tómate un momento para apreciar la tranquilidad y la sensación de paz que has cultivado en tan poco tiempo.

Rompecabezas

Los rompecabezas no solo son un pasatiempo divertido, sino también un excelente ejercicio mental para el cerebro. Ya sean sopas de letras, sudokus, acertijos o rompecabezas a la antigua usanza, requieren concentración, atención a los detalles y capacidad para resolver problemas. Al sumergirte en el proceso de resolución de puzzles, puedes experimentar un mayor estado de concentración y claridad mental. Aprecia las complejidades de cada pista o pieza del rompecabezas. Observa cómo tu mente se agudiza y se concentra a medida que analizas la información y consideras las posibles soluciones. ¿Conoces esa sensación cuando estás totalmente inmerso en algo y todo encaja? Es el estado de flujo. Es muy satisfactorio y fácil de conseguir cuando se arman rompecabezas.

A veces, puede ser difícil sumergirse en un puzzle desde el principio debido a pensamientos distractores. Si eso ocurre, siéntate y haz el ejercicio de respiración consciente. Una vez que estés concentrado únicamente en tu respiración, pasa al puzzle y deja que toda esa energía concentrada fluya para resolverlo.

Los puzzles también son la oportunidad perfecta para ponerte a prueba de forma controlada y divertida. Cada rompecabezas presenta un conjunto único de problemas que resolver y, con cada pista resuelta o puzzle completado, experimentas una sensación de logro. Esta sensación de éxito y dominio puede aumentar tu confianza y autoestima, reforzando la creencia en tus capacidades para superar retos. Más allá de la diversión inmediata y la sensación de logro, dedicarse a los puzzles con regularidad puede tener beneficios a largo plazo para las capacidades cognitivas. Al ejercitar constantemente esas habilidades cognitivas, puedes mejorar tu agilidad mental, creatividad y capacidad de pensamiento crítico.

Fiesta de desintoxicación tecnológica

La tecnología se apodera de todos los aspectos de la vida. ¿Cuántas veces has tomado tu celular para grabar algo épico en lugar de limitarte a disfrutar el momento? No es una acusación, ni siquiera puedo llevar la cuenta de cuántas veces lo he hecho yo. Y, cuando no tengo cuidado, me encuentro pegada a mi teléfono o tableta mientras cientos de mensajes compiten por mi ya dividida atención.

La fiesta de baile de desintoxicación tecnológica ofrece un descanso refrescante de la sobrecarga tecnológica y una oportunidad para dejarse llevar y disfrutar del momento.

Bailar es una forma de expresión personal y una poderosa manera de conectar con el cuerpo y las emociones. Al entregarse a la música, se libera el estrés y la tensión acumulados. La fisicalidad del baile estimula la liberación de endorfinas (tus hormonas naturales de la felicidad) y promueve una sensación de bienestar final. Es como una explosión de energía positiva que recorre tus venas y te libera de las preocupaciones y el estrés de la vida para que puedas volver a conectar con la alegría y el juego. Sube el volumen de la música y deja que el ritmo guíe tus movimientos. Baila como si nadie te viera (porque no te ven, ¿sabes?).

Es el momento de dejar de lado la timidez y disfrutar plenamente. Muévete libremente y olvídate de juicios y expectativas. Siente cómo la música recorre tu cuerpo, enciende tu energía y libera tu espíritu.

EJERCICIOS PARA REDONDEAR EL CAPÍTULO: TAN SOLO HAZLO, PORQUE NO HAY MEJOR MOMENTO QUE EL AHORA

Elige cualquier técnica de este capítulo para realizarla ahora mismo. Antes de empezar, toma un bloc de notas y un bolígrafo, y responde a las siguientes preguntas:

1. ¿Cuál es mi nivel actual de estrés o ansiedad, en una escala del 1 al 10?
2. ¿Cómo describiría mi estado general de ánimo y emocional en este momento?
3. ¿Cómo me siento físicamente?

4. ¿Estoy presente en este momento? ¿Soy plenamente consciente de lo que me rodea?
5. ¿Cuál es mi intención u objetivo para esta práctica? ¿Qué espero ganar o experimentar?

Después de hacer cualquiera de los ejercicios, responde a las siguientes preguntas:

1. ¿Cuál es mi nivel actual de estrés o ansiedad en una escala del 1 al 10, en comparación con antes del ejercicio?
2. ¿Cómo describiría mi estado general de ánimo y emocional ahora? ¿Ha cambiado de alguna manera?
3. ¿Cómo se siente mi cuerpo ahora?
4. ¿Mi mente divagaba con frecuencia o era capaz de mantener la concentración?
5. ¿El ejercicio cumplió con mis expectativas o intenciones? ¿De qué manera me ha afectado positivamente?

Ya eres un gurú del autoconocimiento por derecho propio.

Pero recuerda que el autoconocimiento no surge de la nada. Como en cualquier relación con un amigo, tendrás que pasar tiempo de calidad contigo mismo si quieres que funcione, así que vuelve a menudo a los ejercicios de este capítulo.

No olvides que, si alguna vez necesitas un repaso de los secretos del autoconocimiento, puedes volver a la sección "Recapitulando" de este capítulo.

Ahora es el momento de ampliar tu confianza en el apasionante reino de la autoconversación positiva.

¿Estás preparado? Nos vemos en el capítulo 6.

CAPÍTULO 6
CONVERSAR CON UNO MISMO COMO UN CAMPEÓN

"Cuando se habla con uno mismo, afloran los verdaderos sentimientos".

DR. ASA DON BROWN

¿QUÉ ES LA AUTOCONVERSACIÓN POSITIVA?

La autoconversación es como tener un pequeño comentarista dentro de la cabeza que habla todo el día. Es tu diálogo interno, una mezcla de pensamientos, creencias, preguntas e ideas. La forma en que te hablas a ti mismo es una fuerza poderosa que puede influir en cómo te sientes y en lo que haces.

Cuando la autoconversación es positiva, es como tener tu propia animadora o equipo de seguidores, que te motivan y aumentan tu confianza. Pensar positivamente sobre ti mismo te hace sentir genial y optimista. Mejora tu autoestima, te ayuda a controlar el estrés y te hace más resiliente ante los retos. Sin embargo, cuando la autoconversación se vuelve desagradable, se convierte en una molesta vocecita que te deprime y te hace dudar de ti mismo. Es lo que se llama autoconversación negativa, y es un auténtico aguafiestas. Es como una nube de duda que no refleja la realidad, pero que te hace sentir que vas a fracasar incluso antes de empezar.

Lo más importante que debes saber sobre la autoconversación es que siempre tienes el poder de hacer que esa voz sea más positiva y te apoye. Profundizaremos mucho más en este tema en el resto del capítulo, pero por ahora, aquí tienes algunos consejos interesantes que te ayudarán a vencer la autoconversación negativa:

- Practica el autoconocimiento.
- Reconoce esos pensamientos negativos en el momento en que aparecen y pregúntate si son ciertos o solo exageraciones.
- Pon las cosas en perspectiva. Pregúntate si lo que te preocupa tendrá importancia dentro de unos días, semanas, meses o años.
- Detén el pensamiento. Visualiza una señal de "pare" o haz tu propio ritual para interrumpir esos pensamientos negativos. Nadie te está mirando.
- Sustituye ese pensamiento por otro. Cambia esa negatividad por amabilidad y ánimo.

Cambiar el modo de hablar con uno mismo es como crear un nuevo hábito: lleva tiempo y esfuerzo. Pero puedes hacerlo, y, junto con las otras técnicas que ya has aprendido, será tu arma definitiva para aumentar la confianza en ti mismo ¡y triunfar en la vida!

RECAPITULANDO: ¿QUÉ ES

LA AUTOCONVERSACIÓN POSITIVA?

Se trata de ser tu mayor fan con palabras internas de elogio, motivación y ánimo. Y sí, puedes hablarte a ti mismo en voz alta. ¡Los adultos lo hacen constantemente!

TEN CUIDADO CON LA AUTOCONVERSACIÓN NEGATIVA

Josh era, sin duda, el mejor escritor de la escuela. Todo el mundo creía que tenía un futuro brillante que implicaba convertirse en un autor o guionista famoso. Aunque sabía que tenía talento y apreciaba el entusiasmo de todos, Josh tenía un oscuro compañero que nunca se separaba de él... su crítico interior.

Cada vez que se sentaba a escribir, ese crítico interior sacaba su fea cabeza y lo bombardeaba con un sinfín de negatividades. *"No eres lo bastante bueno"*, le decía, *"escribes fatal, nadie lo leerá nunca"*.

Estos pensamientos arraigaron en la mente de Josh, que empezó a dudar de sus capacidades y a preguntarse si valía la pena perseguir su sueño de escribir. Por desgracia, Josh nunca aprendió a enfrentarse a sus pensamientos negativos. Dejó que lo consumieran y, al final, dejó de escribir. Nunca compartió sus historias con nadie, y el mundo nunca llegó a experimentar la magia de sus palabras. El miedo al fracaso y la falta de confianza en sus capacidades lo mantuvieron atrapado en un ciclo de dudas e inacción. Con el tiempo, la pasión de Josh por contar historias fue menguando y se decantó por una carrera más convencional que le parecía más segura, pero que lo dejaba insatisfecho. Al recordar su época escolar, se preguntaba qué podría haber sido de haber tenido el valor de ignorar a su crítico interior y perseguir su sueño.

La autocrítica negativa no solo te deprime en el momento en que se produce. Como puedes ver en la historia de Josh, tiene graves consecuencias si no tomas el control y lo conviertes en autoconversación positiva. Veamos cuáles son esas consecuencias.

Falta de confianza

Puedes seguir todas las estrategias de este libro para aumentar la confianza en ti mismo, pero si hablas mal de ti todo el tiempo, no servirán de nada. Porque cuando el discurso negativo se apodera de ti, ya no puedes ver tu verdadero potencial. La duda reinará en tu mente y tu confianza seguirá siendo muy baja. Imagínate sentir que no eres lo suficientemente bueno todo el tiempo. No es divertido, ¿verdad? Así de importante es acabar con la autoconversación negativa.

Menor motivación y sensación de impotencia

La autoconversación negativa puede drenar tu motivación como un balde agujereado. Esta falta de motivación pronto te hará sentir fuera de control y como si no tuvieras dirección alguna. A esto lo llamamos sentimiento de impotencia, y puede afectar a toda tu vida en muchos niveles.

Aumento de la ansiedad y del estrés

La autoconversación negativa puede hacer que te sientas como si llevaras una pesada carga cada día. También puede crear problemas de la nada, provocando más estrés y ansiedad. Tu mente te jugará malas pasadas y te hará creer casi cualquier escenario que imagines. Esta preocupación y ansiedad constantes pueden ser abrumadoras y agotadoras, y lo peor (o lo mejor, según se mire) es que la mayoría de las preocupaciones nunca se hacen realidad.

"El 98 % de nuestras preocupaciones nunca se materializan".

DALE CARNEGIE, *CÓMO DEJAR*
DE PREOCUPARSE Y EMPEZAR A VIVIR

Puede silenciar tu voz y mantenerte oculto

Estás destinado a la grandeza. Tus pensamientos e ideas importan. Pero puedes caer en el abismo de la mediocridad si te dejas llevar por el discurso negativo. Puede obligarte a apagar tu luz y a ocultar tu verdadero yo al mundo. La verdad es que tienes mucho que dar, y tus pensamientos y opiniones merecen ser escuchados: es la única forma de hacer del mundo un lugar mejor. No permitas que los pensamientos negativos te impidan compartir tus maravillas con los demás.

Previsibilidad y aburrimiento

Cuando tienes pensamientos negativos, tu modus operandi es ir a lo seguro y quedarte en tu zona de confort. Es como estar atrapado en una burbuja donde todo es predecible. La previsibilidad es segura, pero también aburrida. La vida está hecha para ser emocionante y llena de aventuras, y te mereces experimentar todas las cosas increíbles que tiene para ofrecer.

Pensamiento limitado y oportunidades perdidas

La autoconversación negativa nubla tu visión y pone límites a lo que crees que puedes conseguir. Es como construir muros invisibles alrededor de tu potencial que te impiden ver las posibilidades que tienes delante. Las oportunidades a menudo se presentan disfrazadas de retos, y tú quieres ser capaz de reconocerlas. No puedes hacerlo si estás ocupado menospreciándote a ti mismo todo el tiempo. Recuerda que tus pensamientos conforman tu realidad, así que te debes a ti mismo crear un diálogo interno positivo y de apoyo.

Problemas de relación y falta de conexión con los demás

Hablando de muros, la autoconversación negativa puede hacer que los pongas alrededor de tu corazón y evites ser vulnerable con los demás. También puede hacer que te sientas inseguro y necesitado en las relaciones cercanas. Las relaciones significativas prosperan con la apertura y la confianza, y como ser social, realmente necesitas a la gente si quieres vivir la vida al máximo.

Serios arrepentimientos al final de la vida

Imagínatelo: has vivido toda tu vida y ya eres viejo. Mirando hacia atrás, todo lo que ves son oportunidades perdidas, sueños incumplidos y aventuras nunca vividas. ¡Ay!

Como adolescente, tienes toda la vida por delante y está llena de innumerables posibilidades y oportunidades. No pienses en negativo. Si lo haces, te convencerás de que eres incapaz de alcanzar el éxito y sentirás que no mereces la felicidad. Te encontrarás mirando atrás con un pesar infinito, preguntándote qué podría haber sido.

RECAPITULANDO: LA AUTOCONVERSACIÓN NEGATIVA INVITA A LA INFELICIDAD

Te quita la confianza, acaba con la motivación y alimenta la ansiedad. Silencia tu voz, limita tus pensamientos y puede dejarte con remordimientos. No dejes que te impida vivir tu mejor vida y perseguir tus sueños... Olvídate de la autoconversación negativa y adopta una mentalidad positiva y poderosa. ¡Tú puedes!

¡Uf! Con toda esa negatividad fuera del camino, vamos a ver lo que tienes por ganar con la otra cara de la moneda.

LOS BENEFICIOS DE LA AUTOCONVERSACIÓN POSITIVA

Veamos cómo podría haber sido la vida de Josh si hubiera aprendido a vencer su autoconcepto negativo.

Quizá su padre se dio cuenta de lo que estaba ocurriendo y decidió ayudar a Josh.

Al ver las dificultades que enfrentaba su hijo, el padre de Josh no quería que él experimentara los mismos remordimientos y sueños incumplidos a los que se había enfrentado en su propia vida. Sabía que la respuesta era que Josh se enfrentara a su discurso negativo. Así que decidió convertirse en su mentor y en su mayor animador. Lo animó a compartir sus historias con él y con el resto de la familia. Cada vez que el joven escritor dudaba de sí mismo, su padre estaba allí para recordarle su increíble talento y el impacto positivo de sus historias.

Juntos aprendieron técnicas para enfrentarse a los pensamientos negativos. Le pusieron un apodo divertido al crítico interior de Josh: el Sr. Gruñón Lúgubre, y lo convirtieron en un juego para desarmar su poder. El padre de Josh le aseguraba constantemente que hablar negativamente de uno mismo era normal, pero que se podía vencer.

Con el apoyo y la orientación de su padre, Josh empezó a ver su escritura bajo una nueva luz. Se dio cuenta de que era realmente capaz de perseguir sus sueños. Cada vez que la autoconversación negativa aparecía, Josh la convertía en algo positivo que le motivaba a seguir adelante. Su confianza creció y su escritura floreció.

Años más tarde, cuando Josh subió a un escenario para recoger un premio por su novela más vendida, no pudo evitar sentirse agradecido por la intervención de su padre. Sabía que, sin ella, habría sucumbido a su crítico interior y nunca habría perseguido su sueño de escribir. Pero también sabía que si no hubiera sido un luchador capaz de aprender a creer en sí mismo, los esfuerzos de su padre no habrían funcionado.

¿Ves cómo la vida puede ser radicalmente distinta dependiendo de cómo te hables a ti mismo? La pregunta es: ¿qué tipo de vida quieres vivir?

No importa qué retos se te presenten, siempre tienes la opción de (1) dejar que te derroten, o (2) dejar que sean una invitación al crecimiento y al éxito. Lo que elijas dependerá mucho de tu mentalidad, y tu mentalidad depende de cómo te hables a ti mismo.

Exploremos algunos beneficios que puedes obtener cultivando una autoconversación positiva.

Mejora de la autoestima

Eres increíble y hablarte a ti mismo en positivo hará que nunca lo olvides. Cuando llenas tu mente de palabras y pensamientos alentadores, tu autoestima recibe un gran impulso. Caminarás con la cabeza bien alta, sabiendo que eres una superestrella por derecho propio. Así que mírate bien en el espejo y abraza pensamientos como "eres capaz" y "eres digno".

Sistema inmunitario más sano y mayor vitalidad

Los pensamientos positivos animan a tu cuerpo a liberar sustancias químicas de la felicidad que refuerzan tu sistema inmunitario, algo así como una poción secreta para mejorar la salud. Esto significa que tu cuerpo estará en alerta y listo para luchar siempre que los bichos intenten invadirte y meterse contigo.

La autoconversación positiva también hace magia en el departamento de energía del cuerpo. Te llena de vida y vitalidad para que puedas aprovechar al máximo cada momento.

Menos dolor

¿Quién iba a decir que los pensamientos podían influir en el dolor? Es cierto. La autoconversación positiva es como un bálsamo calmante para el cerebro. Envía señales tranquilizadoras al sistema nervioso, indicándole que baje el volumen del dolor. Cuando tengas que enfrentarte a una aguja en la consulta del médico o a un dolor muscular después de entrenar, recuerda ser amable contigo mismo. Dite cosas como "eres fuerte, puedes con esto" y verás cómo se calma el dolor.

Tu corazón te lo agradecerá

Cuando piensas en positivo, tu corazón se siente más ligero y feliz, como cuando escuchas tu canción favorita. Un corazón feliz es un corazón sano. Si te mantienes ocupado con pensamientos edificantes en lugar de negativos, estarás ayudando a tu corazón a mantenerse en plena forma.

Una mente fuerte

A estas alturas, ya sabes que la vida puede ser un paseo salvaje. La autoconversación positiva es como un arnés de seguridad que protege tu salud mental en los días realmente malos. Cuando te hablas a ti mismo con amabilidad, desarrollas tu resiliencia. Piensa en ello como un músculo mental que te ayuda a mantener la confianza en ti mismo y a recuperarte de los momentos difíciles.

Menos estrés

¿Recuerdas esos pensamientos negativos que intentan preocuparte y asustarte de los que hablábamos antes? No tienen nada que hacer contra tu escudo de autoconversación positiva. Los pensamientos positivos siempre te ayudarán a ver una salida y, aunque las cosas vayan mal, sabrás que no es el fin del mundo. Además, cuando estás más centrado en lo bien que llevas la vida, realmente no hay tiempo para preocuparse.

Mejores habilidades de afrontamiento

Hablar en positivo no significa ignorar que la vida puede ser dura. Habrá contratiempos (muchos), pero la autoconversación positiva es el paraguas que te mantiene seco en la tormenta. Te ayuda a encontrar la fuerza para afrontar los momentos difíciles, aprender de ellos y convertirte en una persona fuerte y en un modelo de resiliencia para los demás.

Mejores relaciones y vínculos más fuertes con los demás

Hablarte a ti mismo en positivo te ayuda a construir una base sólida de amor propio y amabilidad. Cuando te tratas con respeto, esa buena energía se irradia también a los demás. Estás más abierto a establecer conexiones y esto te permite ser un mejor amigo, hermano o novio, porque sabes cómo animar y apoyar a los demás.

Concentración sobrehumana

¿Tienes un objetivo en mente? La autoconversación positiva te ayuda a fijarte en ese objetivo como un rayo láser. Cuando tus pensamientos son positivos y claros, las distracciones no tienen ninguna posibilidad. Estás en la zona como un personaje de videojuego centrado en ganar. Te mantendrás en el buen camino y aplastarás tus objetivos como un jugador profesional que acaba con el enemigo final.

Sin remordimientos y con mayor satisfacción vital

La vida es como un lienzo de colores, y la autoconversación positiva es el pincel que añade las pinceladas vibrantes de la felicidad. Cuando adoptas la positividad, ves la vida a través de un caleidoscopio de brillantes posibilidades. Estás más agradecido por las pequeñas cosas y encuentras la alegría en los momentos más sencillos. Y no tienes miedo de salir de tu zona de confort, lo que significa que puedes vivir la vida como debes. Con una actitud positiva, crearás una obra maestra de vida caracterizada por la satisfacción y la alegría. Y, además, existe la posibilidad de que vivas un poco más que tus vecinos gruñones. Los estudios demuestran que las personas optimistas tienden a vivir más, porque no se estresan demasiado cuando la vida les lanza bolas curvas.

RECAPITULANDO: ¡LA AUTOCONVERSACIÓN POSITIVA AL RESCATE!

La autoconversación positiva es como un campo de fuerza que protege la mente y el cuerpo. Aumenta la autoestima, refuerza el sistema inmunitario y alivia el dolor. Tu corazón baila de alegría y te conviertes en una fuerza mental capaz de superar los retos con resiliencia. Mejora las relaciones y te permite concentrarte en todo lo que haces. Adopta la positividad para vivir una vida vibrante, sin remordimientos, llena de satisfacción y verdadera felicidad.

REESCRIBIR LAS AUTOCRÍTICAS CON AFIRMACIONES POSITIVAS

En primer lugar, es importante saber que no puedes detener por completo tus pensamientos. La mente de cada persona siempre está ocupada, así que siempre está parloteando. Eso es totalmente normal. Aunque no puedes detener tus pensamientos, sí que puedes cambiar la forma en que te hablas a ti mismo. Por eso algunas personas parecen tan desgraciadas y otras parecen estar a punto de darse el capricho del mejor helado del mundo, todos los días.

Superar la autoconversación negativa empieza por ser consciente de uno mismo. Solo puedes atrapar esos pensamientos in fraganti si eres consciente de lo que ocurre en tu mente. Con todo el conocimiento que has adquirido sobre la autoconciencia en los capítulos anteriores, ya has sentado una base sólida para superar cualquier negatividad que pueda estar persiguiéndote. El siguiente gran paso es desafiar tus pensamientos negativos, otra habilidad que ya has aprendido en los capítulos anteriores. Todo lo que tienes que hacer ahora es practicarla y desarrollarla, y lo harás con una poderosa herramienta mental, las afirmaciones.

¿Qué son las afirmaciones?

Simplemente son frases que te dices a ti mismo repetidamente. Las afirmaciones pueden ser negativas ("¡qué tonto eres!") o positivas ("eres brillante y no pasa nada si cometes errores"). Para reescribir una autocrítica negativa, debes convertir tus afirmaciones negativas en afirmaciones positivas. Es sencillo. Es poderoso. Y puede aumentar tu confianza, autoestima y bienestar general. Piensa en las afirmaciones positivas como pequeñas palabras de ánimo que te das a ti mismo para crear una mentalidad positiva y fortalecedora.

Puede sonar meloso y quizá un poco incómodo, pero están sólidamente respaldadas por la ciencia. Hay toda una rama de la psicología dedicada a ello, es la llamada teoría de la autoafirmación.

Pero la cosa no acaba ahí.

Los neurocientíficos estaban interesados en averiguar si las afirmaciones tienen algún efecto sobre la fisiología del cerebro, ¡y resulta que sí lo tienen! Han descubierto que practicar afirmaciones positivas refuerza determinadas vías neuronales en el cerebro. Así que, sí, las afirmaciones positivas realmente funcionan.

Pero tienen un truco: solo funcionan si las practicas con regularidad.

RECAPITULANDO:

HAY MAGIA EN LAS AFIRMACIONES

O... hay ciencia en las afirmaciones (que viene a ser lo mismo). Tienes el poder de cambiar lo que piensas y sientes sobre ti mismo, simplemente haciendo afirmaciones positivas sobre ti mismo. Estas afirmaciones se conocen como afirmaciones positivas, y la clave del éxito es practicarlas con regularidad.

Veinte afirmaciones positivas que puedes empezar a utilizar ahora mismo

Las mejores afirmaciones son las que se te ocurren a ti, para ti, porque eres único y tienes tu propia marca de amor y luz que compartir con el mundo. Al final del capítulo, te guiaré en una divertida actividad para hacer precisamente eso. Pero como elaborar tus propias afirmaciones positivas puede llevarte algún tiempo, empieza practicando mientras tanto cualquiera de las afirmaciones siguientes. Elige al menos cinco de las que más resuenen contigo, escríbelas y empieza a utilizarlas todos los días a partir de este momento.

Por cierto, existe un interesante debate en la comunidad del autodesarrollo sobre si las afirmaciones son más eficaces cuando se expresan en primera persona (como en "soy un genio de las matemáticas",) o en segunda persona (como en "eres un genio de las matemáticas"). Así que te dejo el veredicto a ti. Prueba las afirmaciones de las dos maneras y luego reflexiona sobre qué versión influye más en cómo te sientes.

1. *Tengo confianza en mí mismo. Creo en mis capacidades y puedo conseguir lo que me proponga.*
2. *Soy querido y la gente se preocupa por mí.*
3. *No soy perfecto, y eso está bien porque soy lo suficientemente bueno tal y como soy.*
4. *Me encantan mis rarezas y defectos. Me hacen único.*
5. *Soy digno de amor y respeto, incluso cuando cometo errores.*
6. *Mis opiniones importan y tengo derecho a expresarlas.*
7. *No tengo que ser fuerte todo el tiempo: puedo sentirme enfadado, decepcionado o asustado.*
8. *No debo tener todas las respuestas para sentirme bien conmigo mismo.*
9. *Estoy agradecido por lo que tengo y soy una persona generosa.*
10. *Valoro y respeto a los demás tanto como me valoro y respeto a mí mismo.*
11. *Me respeto a mí mismo y no tengo que comprometer mi moral por nadie.*
12. *No me comparo con los demás porque todos somos únicos y especiales por derecho propio.*
13. *Soy una parte importante de mi familia.*
14. *Soy importante para mis amigos.*
15. *Estoy centrado y soy totalmente capaz de alcanzar mis objetivos.*

16. *Me encanta recibir ayuda de otras personas cuando no puedo resolver las cosas por mí mismo.*
17. *Soy valiente y puedo defenderme.*
18. *Amo la vida, independientemente de los retos que me plantee.*
19. *Soy fiable.*
20. *Soy un amigo de confianza en todo momento.*

EJERCICIOS PARA REDONDEAR EL CAPÍTULO: CREA TUS PROPIAS AFIRMACIONES

Paso 1: identifica un pensamiento negativo.

Piensa en los pensamientos que te han estado frenando o haciéndote sentir inseguro. Podría ser esa molesta voz que dice: "no soy lo bastante bueno" o "nunca tendré éxito".

Paso 2: conviértelo en una afirmación positiva.

Ahora vamos a darle la vuelta a ese pensamiento negativo. Escribe el opuesto positivo que contrarreste tu creencia. Por ejemplo, si crees que "no soy lo bastante listo", cámbialo por "soy inteligente y capaz".

Paso 3: sé breve.

Las afirmaciones cortas son muy eficaces y fáciles de recordar. Incluso puedes hacerlas divertidas y pegadizas. Por ejemplo: "Soy audaz e imparable".

Paso 4: añade emoción y haz que esté presente.

Haz que tu afirmación cobre vida. Añádele sentimiento diciendo cosas como "estoy entusiasmado con mi potencial" o "tengo confianza en mí mismo". Además, las afirmaciones funcionan mejor en tiempo presente, así que asegúrate de utilizar afirmaciones del tipo "yo soy" o "tú eres".

Paso 5: ¡repite, repite, repite!

La repetición es la clave del éxito de las afirmaciones positivas, así que comprométete a decir las tuyas a diario. Puedes escribirlas en notas adhesivas y colocarlas por toda tu habitación y en lugares estratégicos como el espejo para tener un recordatorio diario.

Paso 6: sé realista y cree en ti mismo. Asegúrate de que tus afirmaciones te parezcan reales y alcanzables. Si una afirmación te parece demasiado descabellada, elimínala o suavízala con "estoy abierto a la idea de..." o "estoy dispuesto a creer que puedo...".

Paso 7: consejo extra... Inspírate.

Si necesitas algo de inspiración, consulta listas de afirmaciones prefabricadas que se adapten a tus objetivos. Puedes encontrar ideas en Internet o en libros de autoayuda.

Recuerda siempre que la autoafirmación es una herramienta poderosa. Puede moldear tu mentalidad y transformar tu vida para bien o para mal.

La vida es mucho mejor cuando está llena de autoconversaciones positivas, así que deshazte de la negatividad, abraza la magia de las afirmaciones y allana el camino hacia una vida vibrante y plena. Tienes el poder de ser tu mayor admirador y alcanzar la grandeza: ¡hazlo!

A continuación, abordaremos un tema importante: cómo lidiar con la presión social.

Nos vemos en el capítulo 7.

CAPÍTULO 7
MÁS ALLÁ DE LA MULTITUD: CÓMO SUPERAR LA PRESIÓN SOCIAL

"$\mathbf{S}$é tú mismo, porque un original vale más que una copia".

SUZY KASSEM

¿QUÉ ES LA PRESIÓN SOCIAL?

Así que entiendes perfectamente que eres único y quieres abrazar esa idea. Es algo muy importante porque, sinceramente, ¿qué tiene de especial ser como los demás? Sin embargo, hay algo que siempre te insta a hacer cualquier cosa para encajar... No puedes verlo, no puedes tocarlo y no puedes describirlo, pero puedes *sentirlo*.

Persiste en el aire cada vez que estás en clase o con tus amigos o haciendo algo en público con tu familia. Te cohíbe, te obliga a asegurarte de que vas bien vestido, de que tu pelo está bien o de que dices las palabras adecuadas y utilizas el tono de voz y la jerga correctos, aunque no suene ni remotamente a tu personalidad habitual.

Ese sentimiento se llama presión social y es el peor de los asesinos de la confianza en uno mismo.

La presión social es como una fuerza invisible que te empuja a cumplir las expectativas de los demás en contra de tu voluntad. Y es muy fácil ceder porque, si no lo haces, te arriesgas a decepcionar a la gente, a que te juzguen duramente e incluso a que se rían de ti y te tachen de cobarde o aguafiestas.

Es un reto difícil: si no cedes a la presión social, te mantienes fiel a ti mismo, pero puedes quedarte solo. Y si te dejas llevar por la corriente para encajar, traicionas a tu verdadero yo, pero al menos tienes un sitio entre la multitud y le gustas a la gente.

Ninguna de estas opciones te hace sentir seguro de ti mismo, ¿verdad?

¿La presión social es tu amiga o tu enemiga?

La cuestión es que la presión social no es blanca o negra. Hay zonas grises, y si sabes cómo navegar por ellas, tu confianza no solo permanecerá intacta, sino que florecerá.

Así que no, la presión social no es del todo mala.

De hecho, es bastante útil para darte el empujón que necesitas para salir de tu zona de confort en algunos casos.

Por ejemplo, Ben... Es un buen amigo porque siempre está disponible para apoyar a sus amigos. A ellos les gusta pasar tiempo con él porque, a pesar de necesitar motivación como el 99 % de las veces, en realidad es un gran deportista. Ben no es muy arriesgado y, si fuera por él, estaría en casa leyendo o jugando a videojuegos cada segundo libre de su vida.

Pero ahí es donde la presión social le salva su vida.

Sus amigos suelen invitarlo a aventuras llenas de acción, como ciclismo de montaña y escalada. Él siempre dice que no, y luego se burlan de él. Entonces, la mayoría de las veces, Ben termina cediendo y va. En las raras ocasiones en que no va, sus amigos también lo dejan pasar, y nunca lo juzgan ni lo tratan de forma diferente cuando no va. Pero cuando Ben participa de las aventuras, acaba divirtiéndose muchísimo. Últimamente, incluso se ha planteado practicar ciclismo de montaña como deporte.

En el caso de Ben, la presión social a la que está sometido es buena para él, porque le permite explorar la vida fuera de su zona de confort (la lectura y los videojuegos) y le da la oportunidad de descubrir más cosas sobre sí mismo. Y resulta que disfruta tanto de las actividades con sus amigos que quiere ir más allá. Quién sabe, quizá se convierta en campeón del mundo de ciclismo de montaña o de algún otro deporte cargado de adrenalina. El hecho es que, si no fuera por la presión social, Ben probablemente nunca habría descubierto esta pasión oculta.

Por otro lado, la presión social tiene un lado oscuro.

¿Recuerdas a Alex, tu amigo que quiere irse de viaje después de graduarse y alejarse del negocio familiar, pero su padre quiere que estudie derecho? Digamos que Alex tiene tanto miedo de decepcionar a su padre que ignora lo que quiere hacer y se matricula en derecho.

Se esfuerza, pero se siente desgraciado. Con el tiempo, se encierra aún más en sí mismo y ni siquiera te habla de las cosas que antes le apasionaban. Ahora bien, si te dijera que ha descubierto que ser abogado es fantástico y que resulta que le apasiona igual que a su padre, estaría bien.

Pero lo odia.

Y puedes verlo en su cara y oírlo en su voz... Está viviendo la vida de otra persona.

En el caso de Alex, ceder ante la presión social ha resultado en un desastre personal para él. Si no adquiere la confianza necesaria para salir pronto de esa trampa, su vida puede acabar muy mal.

Sin embargo, hay un punto importante que destacar aquí, y es el hecho de que Alex nunca ha hablado con su padre sobre cómo se siente realmente. Alex solo sabe que su padre tiene una visión de él y cree que si no la cumple, su padre se sentirá decepcionado y le rechazará. En general, los padres quieren que sus hijos sean felices. Pueden tener ideas distintas sobre cómo debe ser esa "felicidad", pero eso no significa que no acepten una versión diferente.

Te debes a ti mismo y a tus padres el ser sincero con ellos sobre tus planes y sueños. Y si de verdad te aterroriza la idea de contárselo, prueba hacer el ejercicio *"Vence al miedo y a la ansiedad antes de que ellos te venzan a ti"* que figura al final del capítulo 3 antes de hablar con ellos. Si eso no te ayuda, no hay nada malo en acudir a un profesor de confianza o a otro adulto al que admires. Te ayudarán a superarlo de la mejor manera posible.

RECAPITULANDO: BAJO PRESIÓN...

La presión social es ese impulso increíblemente fuerte que sientes de ajustarte a las expectativas de la gente y encajar, pase lo que pase. Dependiendo de la naturaleza de la presión social, puede ser buena o mala para ti. Cuando se trata de las expectativas familiares, la mejor estrategia es ser fiel a uno mismo y ser muy sincero con tus padres sobre tus intereses y pasiones.

Cómo diferenciar la presión social útil de la presión social tóxica

Es muy importante darse cuenta de que la presión social no solo es una parte importante de tu vida en este momento, sino que formará parte de ella prácticamente para siempre. Nunca podrás evitarla, pero puedes controlarla y vencerla. Así es como puedes mantener la confianza en ti mismo y mantenerte fiel a ti mismo, pase lo que pase.

Una gran parte de navegar por la presión social implica saber cuándo puede servirte y cuándo puede hundirte. Veamos en qué se diferencia la presión social útil de la presión social tóxica.

A QUÉ PRESTARLE ATENCIÓN

PRESIÓN SOCIAL ÚTIL

Presión social tóxica

Alineamiento con valores personales

Te anima a probar cosas nuevas, explorar tus intereses y salir de tu zona de confort, siempre y cuando esté dentro de tus valores personales

Te impulsa a actuar en contra de tus valores, creencias o moral, te genera conflictos internos y malestar.

Crecimiento positivo versus consecuencias negativas

Lleva al desarrollo personal de manera positiva: autodescubrimiento y horizontes expandidos. Te ayuda a descubrir en ti talentos ocultos y pasiones, como le pasó a Ben, que descubrió que amaba la bicicleta de montaña.

Tiene consecuencias negativas para tu bienestar mental, emocional o físico, como le pasó a Alex, que se sintió miserable y perdió contacto con su verdadera pasión.

Límites

Respeta tus límites y te permite decir que no sin miedo a ser juzgado o ridiculizado. Tus amigos y pares comprenden y aceptan tus elecciones, incluso si difieren de las suyas.

No respeta tus límites e insiste en que obedezcas sin tener en consideración tus sentimientos o preferencias. Puede involucrar la manipulación, el ridículo o el chantaje emocional para que hagas caso.

Sentirse poderoso versus sentirse indefenso

Te empodera para que tomes buenas decisiones por ti mismo, promueve tu independencia y autoconfianza.

Te hace sentir indefenso o atrapado, como si no tuvieras más opción que cumplir con lo que otros esperan de ti, y te hace perder autoestima.

Impacto a corto o largo plazo

Tiene un impacto positivo en tu vida a largo plazo.

Te alivia a corto plazo, pero puede tener efectos negativos a largo plazo sobre tu autoestima y bienestar emocional.

Apoyo versus ataque

Viene de la mano de amigos que se preocupan por tu bienestar y apoyan tu crecimiento y felicidad.

Se origina en individuos o grupos que quieren controlarte o manipularte en su propio beneficio, a menudo a expensas de tu felicidad y autenticidad.

Comunicación abierta

Alienta la comunicación y el entendimiento entre amigos, abre la puerta a conversaciones transparentes sobre distintos puntos de vista.

Gira en torno a los secretos y el miedo, desalienta la comunicación franca y la expresión auténtica de pensamientos y sentimientos.

¿DE DÓNDE PROVIENE LA PRESIÓN SOCIAL?

La presión de grupo

En lo que respecta a la presión social, se trata de algo muy importante y probablemente hayas oído el término muchas veces. Es cuando la gente (sobre todo tus amigos o compañeros de tu edad) utiliza todo tipo de tácticas para que participes en actividades. Puede que seas reacio a participar porque no te interesa, o tienes un poco de miedo a lo desconocido, o simplemente la idea choca con tus valores y te da mala vibra.

A veces, la presión de los compañeros puede motivarte a mejorar en los estudios o a probar cosas nuevas (como Ben), lo que puede ser excelente para tu moral y tu confianza. Pero, cuidado, porque también puede ser delicada cuando te lleva a correr riesgos o a hacer cosas que no encajan con tu verdadera personalidad (como Alex).

Repite conmigo: encajar y agradar a los demás nunca es una buena razón para ceder ante la presión de grupo. Si haces algo, hazlo porque quieres.

"Vivir es elegir. Pero para elegir bien, debes saber quién eres y qué representas, adónde quieres ir y por qué quieres llegar hasta allí".

KOFI ANNAN

La necesidad de pertenecer

A medida que creces, los amigos se convierten en algo muy importante en tu vida. Quieres pertenecer y ser aceptado por tu círculo social, ¿verdad? No hay nada malo en eso.

Quizás admires a tus amigos y sientas la presión de ser como ellos. Por eso es tan importante la autorreflexión. Puede hacernos plantear preguntas como *"¿por qué tengo tantas ganas de ser como ellos?"*. Si la respuesta es superficial, algo parecido a querer tener tanta onda como ellos o solamente "porque sí", esas no son buenas razones. ¿Has pensado en la posibilidad de que ellos quieran parecerse más a ti? ¿O que la razón por la que salen contigo es porque les gustas tal y como eres? Ser tú mismo es, por lejos, lo mejor que puedes hacer. Ya eres parte de algo y lo estás haciendo muy bien.

Si tus amigos quisieran que cambies y te rechazaran si no lo haces, no serían realmente tus amigos, ¿verdad? *Tú* no deberías estar con *ellos*. Tienes todo el derecho a ser tú mismo en todo tu esplendor, igual que ellos.

La mayoría de las veces, sin embargo, los amigos no son tan desagradables. Ya sabes cómo manejar a ese tipo de persona (consulta el capítulo 2 si necesitas un resumen).

Por otro lado, es posible que sientas la necesidad de parecerte más a un amigo disciplinado y centrado en sus objetivos, o que supere los retos con optimismo. Son cualidades fantásticas, así que si te sientes inspirado para parecerte más a tu amigo en ese aspecto, adelante. Pero el truco está en cultivar las mismas cualidades que tu amigo, *no* en copiar su personalidad. Es como ver algo que te gusta o con lo que te identificas y pensar: "¡Debería probar eso pero con mi propio toque!".

Expectativas familiares y culturales

Tu familia y tu entorno cultural también tienen algo que ver en el pastel de la presión social. Los valores, las tradiciones y las expectativas familiares con las que creciste, pueden influir mucho en tus decisiones. Eso está muy bien si coinciden contigo, pero a veces esta presión puede empujarte a tomar decisiones solo porque te sientes obligado a conformarte para conseguir un sello de aprobación.

Este tipo de presión es probablemente el más difícil de superar, porque seguir tu propio camino puede crear una brecha entre tú y las personas que más quieres, sobre todo si tu familia valora su legado y sus tradiciones por encima de todo.

El mejor consejo a este respecto es el siguiente: en primer lugar, recuerda que eres tú quien tiene que vivir con tus decisiones el resto de su vida, no tu familia. En segundo lugar, nunca subestimes el poder de la comunicación. Si puedes ser muy claro sobre tus intereses, pasiones y expectativas en la vida, es muy probable que tu familia quiera verte sobresalir en ello, aunque no estén de acuerdo o no lo entiendan en un principio.

Escuela

Esto está relacionado con la presión cultural y familiar porque tiene mucho que ver con lo que crees que la gente espera de ti. El afán por rendir bien en clase, en los deportes o en las actividades extraescolares puede suponer una gran carga de presión sobre tus hombros.

Para aliviar un poco esa carga, revisa tus actividades deportivas y extraescolares. ¿Las haces porque te gustan o las necesitas para tu futuro, o porque crees que es lo que se espera de ti? Si estás haciendo cosas que no enriquecen tu existencia ni aseguran tu futuro, ¡déjalas!

En serio, la vida es demasiado corta para complacer a los demás a costa de tu propia paz y felicidad.

Si estás haciendo todo lo que te gusta y sigues sintiéndote abrumado, una solución fácil es priorizar y programar. Te sorprenderá el tiempo libre que aparece de la nada cuando practicas un poco de disciplina en tu vida diaria.

Redes sociales

¿Recuerdas la comparacionitis del capítulo 2? Las redes sociales son la mayor fuente de presión social que existe hoy en día. Además de luchar contra el impulso de compararte con las versiones online de tus amigos y compañeros, tienes que lidiar con un sinfín de anuncios sobre lo que está de moda y lo que no.

No te dejes engañar.

Los creadores de los anuncios y de las publicaciones dirigidas son aficionados a la psicología que saben cómo meterse en tu cabeza y hacer que tu duende de la duda haga caso. Cuestiona lo que ves del mismo modo que cuestionas tus pensamientos negativos. ¿Son ciertos? ¿Tu vida depende realmente de seguir la corriente? ¿O es un complot para quitarte tu singularidad?

Recuerda: si haces lo que hacen los demás, es como si fueras un robot sin alma. Las redes sociales nos dan a todos una percepción sesgada de la vida. Sal ahí fuera, mézclate y pronto verás que la mayoría de la gente no representa ni de lejos todo lo que ves en Internet.

RECAPITULANDO: LAS FUENTES DE LA PRESIÓN SOCIAL

La presión social puede llegarte desde cualquier ángulo, pero el más importante es el de las redes sociales. Otras fuentes son tu necesidad de encajar, la presión de grupo, la escuela y las expectativas de tu familia.

LA RELACIÓN ENTRE PRESIÓN SOCIAL Y SALUD MENTAL

A tu edad, eres especialmente vulnerable a los efectos de la presión social sobre tu salud mental porque aún estás descubriendo tu verdadera personalidad, la persona auténtica en la que quieres convertirte algún día. Si no sabes gestionar la presión social y resistirte a ella cuando sea necesario, puede hacerte sentir como si alguien estuviera jugando al yo-yo con tu mente y tu identidad. Pronto te sentirás perdido y desconectado de ti mismo, y eso puede abrirte las puertas al estrés, la ansiedad e incluso la depresión.

En 2019, un programa de investigación británico reveló que el 68 % de los jóvenes (entre 16 y 30 años) pensaban que podrían tener problemas de salud mental. Pero eso no es lo peor. Al parecer, muchos adolescentes se han acostumbrado tanto a sentirse deprimidos que podrían no darse cuenta de que están experimentando síntomas de ansiedad y depresión, y el 37 % de los jóvenes no se sienten seguros de sí mismos. Por otra parte, se ha dado tanto bombo a los problemas de salud mental que un número asombroso de adolescentes creen que padecen ansiedad y depresión cuando, en realidad, solo están experimentando los sentimientos propios del crecimiento. Numerosos estudios realizados a lo largo de los años, han demostrado que existe una clara correlación entre la presión social y los problemas de salud mental, especialmente entre los jóvenes.

Un punto por si acaso: tu cordura depende totalmente de tu capacidad para superar la presión social.

UN VISTAZO A LOS EFECTOS DE LA PRESIÓN SOCIAL

Sobrecarga emocional

Al fin y al cabo, somos criaturas sociales y solo queremos amar y ser amados. Pero la presión que conlleva ese deseo puede provocar emociones intensas.

A veces, puede parecer que estás constantemente al límite, tratando de mantenerte al día con lo que (crees) que los demás quieren o piensan de ti.

Pero aquí tienes un secreto: tu mente es bastante resiliente y, a pesar de todo el ruido que hay por ahí sobre los problemas de salud mental, no te va a dejar tirado tan fácilmente, sobre todo si la alimentas con todo lo que has ido aprendiendo en estas páginas. Cuida de tu preciosa mente, y te prometo que ella cuidará de ti.

Una autoestima que se ahoga

Esto es eso de lo que hablaba antes de sentirte desconectado de ti mismo. La influencia de la presión social puede hacerte pensar que tienes que moldear tu personalidad, intereses y creencias para encajar. En casos graves, puede provocar una crisis de identidad, en la que no estás seguro de quién eres realmente o qué valoras genuinamente.

No es una situación divertida, así que recuérdate cada día que no solo está bien aceptarte a ti mismo y tus cualidades únicas, sino que también es un requisito para tener una vida plena.

Luchas con tu imagen corporal

La presión social a menudo gira en torno a la apariencia y la imagen corporal, y las redes sociales marcan el ritmo aquí. Nunca, nunca caigas en esos estándares y expectativas de belleza poco realistas.

Eres hermoso, bello, guapísimo y buenísimo tal y como eres. Cumples todos los requisitos, así que adelante, ¡enamórate de lo que ves en el espejo! Si *quieres* cambiar algo, como ponerte más en forma o un poco más fuerte, hazlo por las razones adecuadas. Si no, sigue adelante, porque no hay ni un centímetro de ti mismo del que avergonzarse.

Mayor tentación de participar en conductas de riesgo

La presión de grupo puede ser un fuerte motivador tóxico para participar en cosas que normalmente ni se te ocurrirían. Puede que sientas la atracción de probar sustancias, participar en acrobacias peligrosas o romper las normas solo para encajar. No caigas en esta zanja. No tiene fondo y las personas que te empujaron no se quedarán para lanzarte un salvavidas. No son tus amigos. Utiliza siempre tu capacidad de pensamiento crítico y considera las consecuencias de las tentaciones arriesgadas con mucho, mucho cuidado.

Problemas académicos

La presión para rendir académicamente puede tener el efecto contrario al que piensas o esperas; puede acabar provocando agotamiento y malas notas. Además, hay que hacer malabarismos para mantener buenas notas, ser excelente en las actividades extraescolares y ser un buen amigo. La clave está en encontrar la manera de equilibrarlo todo. Prueba diferentes estrategias y horarios hasta que encuentres la fórmula que te haga sentir más en control y relajado.

Sentirse aislado

¿Quieres saber qué es lo más raro? Cuanto más intentas encajar, más solo e inseguro te sientes. Te estresa y te angustia la idea de que te rechacen o te juzguen y, para evitarlo, te retraes y te aíslas. Las relaciones auténticas y significativas surgen cuando eres tú mismo y encuentras personas que te aprecian por lo que eres.

RECAPITULANDO: CÓMO LA PRESIÓN SOCIAL AFECTA TU VIDA

Desde la angustia emocional hasta la tentación de hacer cosas arriesgadas, la presión social puede hacer que te sientas arrinconado sin salida. Existe una clara relación entre la salud mental y la presión social, y si no puedes combatirla, la vida puede volverse bastante deprimente. Pero ahí no acaba la historia, porque PUEDES contraatacar.

CÓMO SUPERAR LA PRESIÓN SOCIAL

Conoce tu arma definitiva: la asertividad

Sabes que a veces eres demasiado tímido para hablar y luego piensas: "¿Por qué no dije nada?". O tal vez has visto a alguien que era demasiado insistente y directo mientras hablaba con otra persona, y tu voz interior te decía: "Guau..."... Bájale los humos".

Nada de eso ayuda en las interacciones sociales. Hay que encontrar un equilibrio entre ser un prepotente y ser grosero. Ahí es donde entra en juego la asertividad. Ser asertivo significa que puedes expresar tus pensamientos, sentimientos y necesidades de forma honesta y respetuosa. No debes tener miedo de compartir tus ideas, pedir lo que quieres o estar en desacuerdo con alguien. Se trata de saber lo que vales y de creer que tus ideas importan tanto como las de los demás. Pero también se trata de ser abierto y respetuoso, y tener en cuenta las opiniones y sentimientos de los demás.

La asertividad es una habilidad que se aprende con voluntad y práctica, así que no te preocupes si eres tímido. Has recorrido un largo camino desde el capítulo 1 y, con todas las habilidades que has adquirido hasta ahora, la asertividad se convertirá en algo natural para ti en muy poco tiempo.

Las ventajas de ser asertivo

Puedes ayudar a mejorar el entendimiento entre tú y los demás.

¿No odias cuando alguien no entiende lo que dices? Y luego se dan la vuelta para decirte que eres tú quien no lo entiende... Es muy molesto, lo sé.

El verdadero problema no es la comprensión. Es la falta de comunicación. Por alguna razón, tendemos a pensar que los demás deben saber lo que nos pasa por la cabeza. Hablamos con nosotros mismos todo el tiempo, así que nos entendemos perfectamente, pero cuando esas palabras salen, no son exactamente lo que pensamos.

Pero cuando eres asertivo, no das por sentado que la persona con la que hablas sabe lo que piensas, así que te esfuerzas por expresarte bien. Y eso también te convierte en una gran ayuda, porque anima a la otra persona a hacer lo mismo. Entonces, como por arte de magia, los dos se entienden a la perfección.

Menos drama

La falta de comunicación es la principal razón por la que la gente discute y se pelea. Y entonces, como si supusiéramos que la otra persona tiene un problema de audición, alzamos la voz para que nos entiendan. Pero no importa lo alto que lo hagamos, simplemente no lo entienden...

La asertividad viene acompañada de un nivel de tacto que aprenderás a apreciar; no hace falta gritar, nunca. Podrás compartir tu punto de vista con calma, respeto y claridad meridiana. Esta es, sin dudas, la forma más eficaz de evitar que los malentendidos se conviertan en estallidos totales. Los conflictos son estresantes y no los necesitas en tu vida.

Satisfacer tus necesidades

Seguro que alguna vez te ha dolido que pasen por alto o ignoren tus necesidades. Eso duele de verdad. Y es un asco. Lo que ocurre es que probablemente no lo hayan hecho a propósito. Estas cosas pasan cuando la gente no sabe realmente lo que necesitas. Cuando aprendes a ser asertivo, es más probable que la gente te escuche y responda positivamente. Es como abrir la puerta a conseguir lo que te mereces y asegurarte de que tu voz sea escuchada.

Ahora que ya conoces la teoría, es hora de ponerte manos a la obra y añadir la asertividad a tu caja de herramientas para aumentar la confianza en ti mismo y superar la presión social.

RECAPITULANDO: LA ASERTIVIDAD TIENE LA ÚLTIMA PALABRA

La asertividad es el arma definitiva contra la presión social. Es un método de comunicación que te permite decir exactamente lo que necesitas, quieres y esperas, sin dejar de ser una buena persona que respeta a los demás.

Cómo comunicarse asertivamente

Establecer contacto visual

Cuando hables con alguien, intenta mirarlo a los ojos. Eso demuestra que tienes confianza en ti mismo y que estás realmente interesado en la conversación. Pero no lo mires tan fijamente, como si estuvieras en un concurso de miradas, sino con naturalidad.

Usa un tono de voz fuerte pero no agresivo

Tu tono puede cambiar la forma en que se transmite tu mensaje. Por eso, cuando te defiendas o expreses lo que piensas, utiliza un tono firme que muestre que vas en serio, pero sin parecer enfadado o agresivo.

Di cosas como como: "escúchame, tengo algo que decir", y no como: "¡será mejor que me escuches ahora mismo!".

Presta atención a tus expresiones faciales

Tu cara puede decir mucho sin que te des cuenta. Así que presta atención a tus expresiones. Si intentas ser asertivo, mantén un rostro tranquilo y sereno. Sonreír está bien, pero no sonrías como si acabaras de escuchar un chiste en medio de una conversación seria.

Sé oportuno

Espera al momento adecuado para decir algo, aunque sea muy importante. No intentes insinuarlo en una situación ajetreada o estresante, y asegúrate de que la otra persona no tenga prisa. Así podrá prestarte toda su atención. Además, cuando estés en medio de la conversación, no interrumpas a la otra persona. Escucha y contesta solo cuando haya terminado.

Sé concreto

Sé siempre claro cuando te expreses. Evita el lenguaje vago que puede dar lugar a malentendidos y asegúrate de que las palabras que salen de tu boca dicen realmente lo que quieres decir.

No luzcas amenazante

Ser asertivo no significa actuar de forma agresiva o intimidatoria. No des señales de enfado, no invadas el espacio personal de la otra persona y mantente alejado del lenguaje amenazador. Tranquilízate y sé respetuoso.

Enmarca tus mensajes de forma positiva

Utiliza un lenguaje sensible y constructivo y céntrate en mantener la calma y la serenidad. Utiliza palabras que muestren que quieres encontrar una solución o arreglar las cosas. Controla tus emociones. Si la otra persona tiene algún comentario negativo, no te sientas ofendido. Pídele que te cuente más cosas para poder tratar el tema con objetividad.

Utiliza frases con "yo"

Los enunciados con "yo" mantienen la conversación personal, honesta y sin prejuicios. Por ejemplo, decir algo como "yo me siento así" o "yo creo que podemos hacer esto" suena mucho mejor que echarle la culpa a la otra persona.

Escucha activamente

Escuchar es tan importante como hablar. Presta toda tu atención a la otra persona. Demuéstrale que te importa asintiendo con la cabeza o emitiendo pequeños sonidos para que sepa que la estás siguiendo.

Valórate a ti mismo y a tus derechos

Recuerda que eres maravilloso y mereces que te traten con respeto. Defiéndete a ti mismo y a tus derechos, y no dejes que nadie te pisotee (pero sé educado al respecto).

Mantén la calma aunque la otra persona reaccione de forma exagerada o emita vibraciones negativas.

A veces la gente se pone nerviosa, pero eso no significa que tengas que unirte al drama. Tu calma puede ayudar a suavizar las situaciones tensas.

Acepta las críticas y los elogios

Todo el mundo tiene sus altibajos, y está bien aceptar las críticas y los elogios con la mente abierta porque de ambos se aprende. No te obsesiones con las críticas si las recibes: son una oportunidad más para crecer y mejorar.

EJERCICIOS PARA REDONDEAR EL CAPÍTULO: BUSCA UN AMIGO PARA TRABAJAR TU ASERTIVIDAD

Paso 1: encuentra un compañero. Lo primero es lo primero: encuentra a un amigo que esté dispuesto a mejorar su asertividad contigo. Puede ser alguien cercano, como tu mejor amigo, o alguien con quien te sientas cómodo pero con quien hace tiempo que no sales. Lo importante es que ambos estén de acuerdo en apoyarse mutuamente.

Paso 2: haz con tu amigo una lluvia de ideas sobre situaciones de asertividad. Piensa en diferentes situaciones en las que la comunicación asertiva puede ser útil. Pueden ser situaciones cotidianas, como decidir qué película ver, o más serias, como expresar tus opiniones en grupo.

Paso 3: juego de rol. Es hora de ponerse el sombrero de actor. Repasen todas las técnicas de asertividad de las que hemos hablado antes y, por turnos, representen las situaciones que se les hayan ocurrido. Uno de ustedes hará de comunicador asertivo, mientras que el otro asumirá el papel de la otra persona en la situación.

Recuerda que esto es solo para practicar, así que no dudes en divertirte.

Cambien los roles de vez en cuando.

Paso 4: dar y recibir una evaluación. Después de cada juego de rol, tómense unos minutos para una evaluación constructiva. Hablen de lo que ha ido bien y de lo que podría mejorarse.

Paso 5: reflexionar y fijar objetivos. Cuando terminen de practicar, dediquen un momento a reflexionar sobre lo que han aprendido. Comenten qué sintieron al practicar la comunicación asertiva y qué sacaron en limpio de la experiencia. En base a sus reflexiones, fíjense algunos objetivos personales para ser más asertivos en su vida diaria.

¿ESTÁS LISTO PARA CAMBIAR LA VIDA DE ALGUIEN?

¡Vamos a cumplir mi promesa al hombre del parque a lo grande! Con tu ayuda, podré llegar a más gente, y él habrá tenido más impacto del que nunca podría haber imaginado.

Simplemente compartiendo tu sincera opinión sobre este libro y un poco sobre tu propio viaje, mostrarás a otros jóvenes hacia dónde dirigirse para empezar su propio viaje de mejora de la confianza en sí mismos.

¡Con menos de un minuto de tu tiempo, podrás ayudar a varios adolescentes como tú dejando una reseña! Muchas gracias por tu apoyo.

Estás marcando la diferencia más de lo que crees.

CONCLUSIÓN

La confianza es la armadura que te protege de la duda, el combustible que te impulsa hacia adelante, pase lo que pase, y es la luz que guía tu camino.

¡Choca esos cinco por haber llegado hasta aquí y haber explorado conmigo el mundo de la confianza y el autodescubrimiento!

Espero que hayas encontrado ideas valiosas e inspiración y que te vayas con una confianza nueva e inquebrantable. Sobre todo, espero que a partir de ahora te aceptes a ti mismo, porque el mundo es un lugar mejor gracias a tu singularidad.

A lo largo de estas páginas, hemos explorado la importancia de la confianza como clave para afrontar los retos y las oportunidades de la vida. Ahora ya sabes que no es un don con el que se nace, sino una habilidad que puede cultivarse mediante la práctica deliberada y una fe inquebrantable en tus capacidades. El poder de forjar tu futuro está totalmente en tus manos, independientemente de tus antecedentes o circunstancias.

He compartido mis propias experiencias, así como las de otros adolescentes, para ofrecerte perspectivas cercanas y una luz que te guíe. Pero ahora te toca a ti. Acepta el viaje que tienes por delante y, pase lo que pase, mantente fiel a ti mismo. Aunque el camino esté lleno de baches y curvas, sé que tendrás la mentalidad adecuada para afrontarlo como si nada. Eres fuerte y puedes con todo lo que te depare la vida. Y recuerda, los contratiempos son las mejores oportunidades para aprender y crecer.

Mientras navegas por este emocionante, extraño y maravilloso viaje llamado vida, debes saber que nunca estarás solo. Busca el apoyo de amigos, familiares, mentores o incluso de un amable desconocido en un banco del parque (a menos que parezca sospechoso). Vayas donde vayas, siempre habrá alguien que crea en ti y quiera verte prosperar.

La adolescencia es un período de transición único en la vida, un momento perfecto para construir una base sólida para el futuro. Acepta los retos, abrázate a ti mismo y, lo más importante, ¡diviértete! El tiempo pasa volando sin que te des cuenta, así que no pierdas ni un segundo intentando complacer a los demás o encajar donde no te aprecian.

Recuerda que la confianza no es sinónimo de perfección, sino de aceptación y fe en ti mismo: con tus defectos, tus peculiaridades y todo lo demás.

REFERENCIAS

REFERENCIAS DEL CAPÍTULO 1

Abdou, A. (5 de agosto de 2021). The 2 types of confidence, according to science (and how to harness them). *Ladders | Business News & Career Advice.* https://www.theladders.com/career-advice/the-2-types-ofconfidence-according-to-science-and-how-to-harness-them

Admin. (2021). Why is confidence so important? *MindBodySpirit Festival.* https://www.mbsfestival.com.au/healthy-living-hub/confidence-importance/

Confidence (for Teens) - NemoursKidsHealth. (no fechado). https:// kidshealth.org/en/teens/confidence.html

Cullum, T. (6 de mayo de 2018). What is Social Confidence Anyway? - Todd Cullum - Medium. *Medium.* https://medium.com/@ToddCullum/ what-is-social-confidence-anyway-8ca8-f669d785

Eikenberry, K. (2012). The Confidence/Competence Loop. *The Kevin Eikenberry Group.* https://kevineikenberry.com/leadership/theconfidencecompetence-loop/

Espinosa, C. (2021). How The Confidence Competence Loop Can

REFERENCIAS

Benefit You. *Christian Espinosa*. https://christianespinosa.-com/blog/ how-the-confidence-competence-loop-can-benefit-you/

Happiful Magazine. (no fechado). Is Neuroscience the Key to Confidence? *Happiful Magazine*. https://happiful.com/is-neuros-cience-the-keyto-confidence

Inc.Africa. (no fechado). https://incafrica.com/article/minda-zetlin-confi dence-social-epistemic-julia-galef-how-to-build-confidence

Inc.Africa. (no fechado). https://incafrica.com/library/geoffrey-james-ifyouve-got-this-1-character-trait-youll-probably-be-successfulaccording-to-neuroscience

Jenkins, P. (4 de julio de 2023). Why Confidence Is Important (and How to Boost It) - Brilliantio. *Brilliantio*. https://brilliantio.-com/why-confidence-is-important/

LinkedIn. (no fechado). https://www.linkedin.com/pulse/how-neurosciencecan-make-you-more-confident-malhotra-acc-cpcc/

The confidence – competence loop. (no fechado). https://www.ca-rolynecrowe.co. uk/blog/the-confidence-competence-loop/

Today, P. (26 de junio de 2023). Confidence. Psychology Today. https://www. psychologytoday.com/us/basics/confidence

Van Leeuwen, N. (2022). Two Concepts of Belief Strength: Epistemic Confidence and Identity Centrality. *Frontiers in Psychology*, 13. https://doi.org/10.3389/fpsyg.2022.939949

Wall, A. (8 de septiembre de 2020). What Confidence is and is Not, and How to Get More of it in Your Life. *Athena*. https://www.athenastem women.org/post/what-confidence-is-and-is-not-and-how-to-getmore-of-it-in-your-life

REFERENCIAS

What Confidence Is and Is Not - by Joyce Shafer. (no fechado). https://trans4mind.com/counterpoint/index-happiness-well-being/shafer17.html

REFERENCIAS DEL CAPÍTULO 2

Beresin, E., MD. (3 de junio de 2022). Low Self-Esteem in Adolescents: What Are the Root Causes? Psychology Today. https://www.psychologytoday.com/ intl/blog/inside-out-outside-in/202206/low-self-esteem-in-adolescentswhat-are-the-root-causes

Bergagna, E., & Tartaglia, S. (2018). Self-esteem, social comparison, and Facebook use. *Europe's Journal of Psychology, 14*(4), 831–845. https:// doi.org/10.5964/ejop.v14i4.1592

Chong, J. (2023). Low self-esteem: The role of social comparison — The Skill Collective. *The Skill Collective.* https://theskillcollective. com/blog/low-self-esteem-social-comparison

MSEd, K. C. (2022). Social Comparison Theory in Psychology. *Verywell Mind.* https://www.verywellmind.com/what-is-the-social-compari son-process-2795872

Self-Confidence Starts Early. (no fechado). Urban Child Institute. http://www. urbanchildinstitute.org/articles/features/self-confidence-startsearly

Self-esteem and teenagers - ReachOut Parents. (no fechado). https://parents.au. reachout.com/common-concerns/everyday-issues/self-esteemand-teenagers

Sharma, I. (16 de abril de 2021). Does Confidence Issues Stem From Your Childhood? - Blog - HealthifyMe. *HealthifyMe.* https://www.healthi fyme.com/blog/does-confidence-issues-stem-from-yourchildhood/

Shawi, A. F. A., & Lafta, R. (2015). Relation between childhood experiences and adults' self-esteem: A sample from Baghdad.

Qatar   Medical   Journal,   2014(2).
https://doi.org/10.5339/qmj.2014.14

Sma-Admin. (11 de abril de 2022). *3 Causes of Low Self-Esteem in Teens (And What to Do About It) - Stop Medicine Abuse.* Stop Medicine Abuse. https://stopmedicineabuse.org/blog/details/3-causes-of-low-selfesteem-in-teens-and-what-to-do-about-it/

REFERENCIAS DEL CAPÍTULO 3

Account, S. (2022). 3 Things Your Teens Fear the Most. *Focus on the Family.* https://www.focusonthefamily.com/parenting/3-thingsyour-teens-fear-the-most/

Anxiety (for Teens) - Nemours KidsHealth. (no fechado). https://kidshealth.org/ en/teens/anxiety.html

Department of Health & Human Services. (no fechado). *Trauma and teenagers – common reactions.* Better Health Channel. https://www.betterhealth.   vic.gov.au/health/healthyliving/trauma-and-teenagers-commonreactions

Miller, C., Bubrick, J., PhD, & Anderson, D., PhD. (2023). How Anxiety Affects Teenagers. *Child Mind Institute.* https://childmind.org/arti cle/signs-of-anxiety-in-teenagers/

mindbodygreen. (21 de septiembre de 2022). *10 Signs Fear Is Running Your Life (And How To Get Back On Track).* Mindbodygreen. https://www. mindbodygreen.com/articles/signs-fear-is-running-your-life

Pickhardt, C. E., PhD. (11 de noviembre de 2013). Appreciating Fear in Adolescence. *Psychology Today.* https://www.psychologytoday.com/   us/blog/surviving-your-childs-adolescence/201311/appreciatingfear-in-adolescence

Stieg, C. (20 de marzo de 2020). How fear influences your behavior, and how to cope. *CNBC.* https://www.cnbc.-

com/2020/03/20/howfear-influences-your-behavior-and-how-to-cope.html

SupaduDev. (2023). 4 Fear-Based Routines That Get You Stuck. *New Harbinger Publications, Inc.* https://www.newharbinger.-com/blog/self-help/4-fear-based-routines-that-get-you-stuck/

Tosh, D. (2023). How to Recognize That Fear is Driving Your Behaviour — Phoenix-Hearted Woman. *Phoenix-Hearted Woman.* https://www.phoenixheartedwoman.com/blog/how-to-recog-nizethat-fear-is-driving-your-behaviour

REFERENCIAS DEL CAPÍTULO 4

Bailey, J. R. (21 de marzo de 2022). *Don't Underestimate the Power of SelfReflection.* Harvard Business Review. https://hbr.org/2022/03/ dont-underestimate-the-power-of-self-reflection

Botelho, G. (30 de noviembre de 2020). Building Self-Confidence Through Self-Awareness I HR Exchange Network. *HR Exchange Network.* https://www.hrexchangenetwork.com/employee-engagement/ columns/building-self-confidence-through-self-awareness

Capp, K. M. B. (2023). Top 11 Benefits of Self-Awareness Accor-ding to Science. *PositivePsychology.com.* https://positivepsycho-logy.com/ benefits-of-self-awareness/

Davenport, B. (2022). The Benefits Of Practicing Self-Reflection. *Mindful Zen.* https://mindfulzen.co/benefits-self-reflection/

Davis, D. M., & Hayes, J. A. (no fechado). What are the benefits of mindfulness. *https://www.apa.org.* https://www.apa.org/moni-tor/2012/07-08/cecorner

Dowches-Wheeler, J. (2021). How Self-Awareness Builds Confi-dence — Bright Space Coaching I Leadership Development for Women. *Bright Space Coaching I Leadership Development for*

Women. https:// www.brightspacecoaching.-com/blog/2018/6/20/how-self-aware ness-builds-confidence

Eurich, T. (6 de abril de 2023). *What Self-Awareness Really Is (and How to Cultivate It).* Harvard Business Review. https://hbr.org/2018/01/ what-self-awareness-really-is-and-how-to-cultivate-it

Habash, C. (2022). What is self-reflection? Why is self-reflection important? *Thriveworks.* https://thriveworks.com/blog/impor tance-self-reflection-improvement/

Humber River Health. (27 de enero de 2022). *The Benefits of Self-Awareness - Humber River Health.* https://www.hrh.-ca/2022/01/27/the-bene fits-of-self-awareness/

Jennifer. (2 de marzo de 2023). 10 Benefits of Self Awareness And How it Can Impact Your Life –. . . *Contentment Questing.* https://content mentquesting.com/benefits-of-self-awareness/

LinkedIn. (no fechado). https://www.linkedin.com/pulse/link-between-confi dence-self-awareness-grant-henderson/

Mindfulness Definition | What Is Mindfulness. (n.d.). Greater Good.

https:// greatergood.berkeley.edu/topic/mindfulness/definition

Mindfulness for Your Health. (15 de julio de 2022). NIH News in Health.

https://newsinhealth.nih.gov/2021/06/mindfulness-your-health

MSEd, K. C. (2023). What Is Self-Awareness? *Verywell Mind.* *https:// www.verywellmind.com/what-is-self-awareness-2795023*

Self Awareness & Confidence. (no fechado). https://www.uls-ter.ac.uk/employability/advice/digital-learning-hub/self-awareness-and-confidence

*Self-Reflection 101: What is self-reflection? Why is reflection impor-
tant? And how to reflect.* I *Reflection.app — Your guided journal for
wellness and growth.* (n.d.). https://www.reflec-
tion.app/blog/self-reflection-101what-is-self-reflection-why-is-
reflection-important

Self Reflection - Benefits, Importance, and How To Do It I *Toggl Track.*
(no fechado). https://toggl.com/track/self-reflection/

Self-Reflection: Definition and How to Do It. (no fechado). The
Berkeley WellBeing Institute. https://www.berkeleywellbeing.-
com/what-is-selfreflection.html

Smith, M., MA. (2023). Benefits of Mindfulness. *HelpGuide.org.*
https://   www.helpguide.org/harvard/benefits-of-mindful-
ness.htm Staff, M. (2023). What is Mindfulness? *Mindful.*
https://www.mindful.org/what-is-mindfulness/

What Is Self-Awareness, and Why Is It Important? (no fechado).
https://www. betterup.com/blog/what-is-self-awareness

What Is Mindfulness? I *Taking Charge of Your Health & Wellbeing.*
(no fechado).

TakingCharge of YourHealth & Wellbeing. https://www.

takingcharge.csh.umn.edu/what-mindfulness

REFERENCIAS DEL CAPÍTULO 5

Capp, K. M. B. (2023). How to Increase Self-Awareness: 16 Activities & Tools (+PDF). *PositivePsychology.com.* https://positivepsy-
chology. com/building-self-awareness-activities/

Choosing Therapy. (2023). Mindfulness for Teens: How It Works,
Benefits, & 11 Exercises to Try. *Choosing Therapy.* https://www.
choosingtherapy.com/mindfulness-for-teens/

How the power of storytelling can change the course of your career. (6
de noviembre de 2019). [Video]. NBC News. https://www.nb-

cnews.com/ better/lifestyle/what-self-awareness-how-can-you-cultivate-itncna1067721

Hughes, J. (2022). How to Cultivate Self-Awareness (And Why That's Important). *Elegant Themes Blog*. https://www.elegantthemes.com/ blog/business/how-to-cultivate-self-awareness

Mindfulness Exercises (for Teens) - Nemours KidsHealth. (no fechado). https:// kidshealth.org/en/teens/mindful-exercises.html

Our Top Mindfulness Activities For Teens. (7 de febrero de 2021). Tutor Doctor. https://www.tutordoctor.co.uk/blog/2021/february/ourtop-mindfulness-activities-for-teens/

Tjan, A. K. (11 de febrero de 2015). *5 Ways to Become More Self-Aware*. Harvard Business Review. https://hbr.org/2015/02/5-ways-tobecome-more-self-aware

REFERENCIAS DEL CAPÍTULO 6

Admin. (2020). 4 Benefits of Positive Affirmations. *HeadWay Clinic*.

https://www.headwayclinic.ca/4-benefits-positive-affirmations/

Affirmations: What Are They and How Do They Work? (no fechado). https://www. familycentre.org/news/post/affirmations-what-are-they-and-howdo-they-work

Beau, A. (no fechado). How to Spot and Swap the 4 Types of Negative SelfTalk. *Shine*. https://advice.theshineapp.com/articles/how-to-spotand-swap-the-4-types-of-negative-self-talk/

Footprints To Recovery Addiction Treatment Centers. (2021). 7 Ways to Combat Negative Self-Talk. *Footprints to Recovery | Drug Rehab & Alcohol Addiction Treatment Centers*. https://footprintstorecovery. com/blog/combat-negative-self-talk/

REFERENCIAS

Healthdirect Australia. (no fechado). *Self-talk*. What Is It and Why Is It Important? | Healthdirect. https://www.healthdirect.-gov.au/selftalk

Helfand, E. (2022). The Benefits of Positive Affirmations. *Wellspring Center for Prevention*. https://wellspringprevention.org/blog/thebenefits-of-positive-affirmations/

Holland, K. (27 de junio de 2020). *Positive Self-Talk: How Talking to Yourself Is a Good Thing*. Healthline. https://www.healthline.-com/health/posi tive-self-talk

How To Stop Negative Self-Talk - Headspace. (no fechado). Headspace. https:// www.headspace.com/mindfulness/stop-negative-self-talk

Identifying Negative Automatic Thought Patterns. (no fechado). Stress & Development Lab. https://sdlab.fas.harvard.edu/cognitive-reap praisal/identifying-negative-automatic-thought-patterns

Inc.Africa. (no fechado). https://incafrica.com/library/yoram-solomon-3things-you-should-stop-doing-to-turn-on-your-creative-brain

Goldman, R. (4 de noviembre de 2022). *Affirmations: What They Are and How to Use Them*. EverydayHealth.com. https://www.e-verydayhealth. com/emotional-health/what-are-affirmations/

Kristenson, S. (2022). How to Stop Negative Self-Talk: A 14-Step Guide. *Happier Human*. https://www.happierhuman.com/stop-nega tive-self-talk/

Moore, C. M. P. (2023). Positive Daily Affirmations: Is There Science Behind It? *PositivePsychology.com*. https://positivepsychology.com/ daily-affirmations/

Monteleone, D. (n.d.). *Negative Self Talk - What is it and why does it matter?* | *Proactive Health & Movement*. Proactive Health & Movement. https://www.proactivehm.com.au/negative-self-talkw-hat-is-it-and-why-does-it-matter/

Morris, S. Y. (19 de diciembre de 2016). *What Are the Benefits of Self-Talk?*

Healthline. https://www.healthline.com/health/mental-health/selftalk

Richards, L. (18 de marzo de 2022). *What is positive self-talk?* https://www. medicalnewstoday.com/articles/positive-self-talk

Richard. (2022). Affirmations. *Clinical Hypnotherapy Cardiff.* https:// www.clinicalhypnotherapy-cardiff.co.uk/affirmations/

Santos, J. (2021). 10 Positive Affirmations for Teens and Young Adults (Free Printables). *But First, Joy.* https://butfirstjoy.-com/positive-affir mations-for-teens-young-adults/

Scott, E., PhD. (2022). The Toxic Effects of Negative Self-Talk. *Verywell Mind.* https://www.verywellmind.com/negative-self-talk-and-howit-affects-us-4161304

Scott, S. (2023). 67 Positive Affirmations for Teens & Young Students. *Happier Human.* https://www.happierhuman.com/po-sitive-affirma tions-teens/

Self-Talk. (9 de diciembre de 2020) *Psychology Today.* https://www.psycholo gytoday.com/intl/basics/self-talk

The Power of Positive Self Talk (and How You Can Use It). (no fecha-do). https:// www.betterup.com/blog/self-talk

T, M. (2017). 8 Dangers of Negative Self-Talk. *Makeda Pennycooke.* https://makedapennycooke.com/8-dangers-negative-self-talk/

Wignall, N. (2022). 10 Types of Negative Self-Talk (and How to Correct Them). *Nick Wignall.* https://nickwignall.com/negative-self-talk/

REFERENCIAS DEL CAPÍTULO 7

Anxiety on the Rise: Are Societal Pressures to Blame? (23 de agosto de 2016) *Destination Hope - Your Destination for Recovery.* https://destination hope.com/anxiety-rise-societal-pressures-blame/

Hazlegreaves, S. (2019). Social pressure is damaging the mental health of millennials. *Open Access Government.* https://www.openaccessgov ernment.org/social-pressure-mental-health-of-millennials/70437/

Lautieri, A. (2019). Social Pressures Influence Mood And Behavior.

MentalHelp.net. https://www.mentalhelp.net/adolescent-develop ment/social-pressures-mood-and-behavior/

Peer Pressure (for Teens) - Nemours KidsHealth. (no fechado). https://kidshealth. org/en/teens/peer-pressure.html

Peer pressure or influence: pre-teens and teenagers. (3 de noviembre de 2021). Raising Children Network. https://raisingchildren.-net.au/teens/ behaviour/peers-friends-trends/peer-influence

Scripps Health. (7 de abril de 2023). How Does Peer Pressure Affect a Teen's Social Development? *Scripps Health.* https://www.scripps.org/ news_items/4648-how-does-peer-pressure-affect-a-teen-s-socialdevelopment

Teens and Peer Pressure - Children's Health. (no fechado). https://www.childrens. com/health-wellness/helping-teens-deal-with-peer-pressure

Wpa. (no fechado). Social Anxiety, Social Media and your Mental Health. *WPA.* https://www.wpa.org.uk/health- wellbeing/articles/social-anxiety

REFERENCIAS DE LA PÁGINA DE EVALUACIÓN

Liles, M. (10 de octubre de 2022). *Parade.com.* parade.com. https://parade.com/989608/marynliles/confidence-quotes